海洋国際法入門

海洋国際法入門

桑原輝路著

信山社

はしがき

　この本は『海洋国際法入門』というタイトルになっていますが、1992年に出しました『海洋国際法』(国際書院)の改訂版です。旧版出版後、国連海洋法条約は効力を発生し、日本もこの条約を批准し、公定訳も出ました。この版では公定訳を使用し、旧版の手直しをし、また若干の追加を行いました。しかし、全体の構成や問題についての基本的な考え方は変わりません。

　旧版では条約に基づいて深海底資源の開発制度についてもいくらか触れましたが、第XI部実施協定が加わって、その開発制度の全容の理解は私の能力を超えます。深海底資源の商業的開発の実施は2010年以降になるという見通しもあって、この版では開発制度には触れませんでした。

　また、旧版では参考文献の紹介にかなりのスペースを割きましたが、この版ではすべて省略しました。

　現代の海洋国際法の最も基本的な条約は、いうまでもなく国連海洋法条約です。そのほかにもいくつか重要な条約がありますが、この本では第XI部実施協定について若干触れました。九つの附属書を含む国連海洋法条約だけでも400条を超す大条約です。この本のタイトルは『海洋国際法入門』ですが、もちろん海洋国際法のうちの、また国連海洋法条約のうちの主要な点だけをとり上げているに過ぎません。

海洋国際法入門

　国連海洋法条約は、主として国際法を学ぶ大学生を対象にした「条約集」に出ています。また「小六法」にも掲載されています。しかしこの本ではいちいち条約集などを参照しなくてすむように、必要な条文は本文中にできるだけ引用しました。

　この本の出版はひとえに信山社の袖山貴氏の御好意によるものです。篤く御礼申し上げます。

　2002年7月20日

　　　　　　　　　　　　　　　　　　　桑　原　輝　路

目　次

はしがき

I　海洋国際法とその法典化 …………………………… *3*

I-0-1　海洋国際法 (*3*)
I-0-2　海洋国際法の法典化 (*4*)
I-0-3　国連海洋法条約の発効 (*7*)
I-0-4　国連海洋法条約の構成 (*10*)

II　海洋の区分と分類 …………………………………… *13*

II-0-1　海洋国際法上の海洋 (*13*)

II-0-2　海洋法条約における海洋の基本的区分 (*14*)

　II-0-2-1　1958年海洋法条約における海洋の基本的区分 (*14*)
　II-0-2-2　1982年国連海洋法条約における海洋の基本的区分 (*14*)

II-0-3　沿岸国の領域管轄権との関係における海洋の分類 (*16*)

　II-0-3-1　管轄権、領域管轄権、限定された領域管轄権 (*16*)
　II-0-3-2　海洋の分類 (*20*)

Ⅲ 沿岸国の領域管轄権が及ぶ海洋 ……………………27

Ⅲ-A 沿岸国の完全な領域管轄権が及ぶ海洋 …………27

Ⅲ-A-1 内 水 (27)

Ⅲ-A-1-1 内水と海洋法条約 (27)
Ⅲ-A-1-2 海洋国際法上の内水 (28)
Ⅲ-A-1-3 内水の範囲 (28)
Ⅲ-A-1-3-1 基 線 (28)
Ⅲ-A-1-3-1-1 領海の基線 (28)
Ⅲ-A-1-3-1-2 通常基線と直線基線 (29)
Ⅲ-A-1-3-1-3 直線基線の引き方 (30)
Ⅲ-A-1-3-1-3-1 方向及び陸地との関連 (30)
Ⅲ-A-1-3-1-3-2 低潮高地との関係 (30)
Ⅲ-A-1-3-1-3-3 経済的利益の考慮 (30)
Ⅲ-A-1-3-1-3-4 他国の領海との関係 (30)
Ⅲ-A-1-3-1-4 基線内の海洋 (31)
Ⅲ-A-1-3-2 湾 (31)
Ⅲ-A-1-3-3 河 口 (32)
Ⅲ-A-1-3-4 日本の直線基線 (32)
Ⅲ-A-1-4 内水の法的地位 (40)
Ⅲ-A-1-4-1 沿岸国の権能―主権― (40)
Ⅲ-A-1-4-2 外国の使用の自由 (41)
Ⅲ-A-1-4-3 領海の法的地位との比較 (42)

目 次

Ⅲ-A-2　領　海 (43)

　　Ⅲ-A-2-1　領海と海洋法条約 (43)
　　Ⅲ-A-2-2　領海の範囲 (43)
　　Ⅲ-A-2-2-1　限　界 (43)
　　Ⅲ-A-2-2-1-1　内側の限界 (43)
　　Ⅲ-A-2-2-1-2　外側の限界 (44)
　　Ⅲ-A-2-2-2　幅 (44)
　　Ⅲ-A-2-2-3　境界画定 (45)
　　Ⅲ-A-2-2-4　直線基線、限界線、境界画定線の表示 (46)
　　Ⅲ-A-2-3　領海の法的地位 (47)
　　Ⅲ-A-2-3-1　沿岸国の権能―主権― (47)
　　Ⅲ-A-2-3-1-1　領海と主権 (47)
　　Ⅲ-A-2-3-1-2　主権、領土主権、領域主権 (48)
　　Ⅲ-A-2-3-1-3　領域主権の一般的性格 (49)
　　Ⅲ-A-2-3-1-4　領域主権行使の制限 (51)
　　Ⅲ-A-2-3-2　外国の使用の自由
　　　　　　　　　―無害通航の制度― (52)
　　Ⅲ-A-2-3-2-1　外国船舶の権利義務 (52)
　　Ⅲ-A-2-3-2-1-1　外国船舶の権利―無害通航権― (52)
　　Ⅲ-A-2-3-2-1-1-1　無害通航の意味 (53)
　　Ⅲ-A-2-3-2-1-1-1-1　「通航」の意味 (53)
　　Ⅲ-A-2-3-2-1-1-1-2　「無害」の意味 (54)
　　Ⅲ-A-2-3-2-1-1-2　無害通航を認められるもの (54)
　　Ⅲ-A-2-3-2-1-2　外国船舶の義務 (55)
　　Ⅲ-A-2-3-2-1-2-1　一般の外国船舶の義務 (55)
　　Ⅲ-A-2-3-2-1-2-2　特別の外国船舶の義務 (55)
　　Ⅲ-A-2-3-2-2　沿岸国の権利義務 (56)

ix

Ⅲ-A-2-3-2-2-1　沿岸国の権利 (56)
Ⅲ-A-2-3-2-2-1-1　無害通航に関する法令制定権 (56)
Ⅲ-A-2-3-2-2-1-2　航路帯、分離通航帯を設定する権利 (57)
Ⅲ-A-2-3-2-2-1-3　保護権(無害通航の一時停止の権利を含む) (58)
Ⅲ-A-2-3-2-2-2　沿岸国の義務 (59)
Ⅲ-A-2-3-2-2-2-1　無害通航を妨害しない義務 (59)
Ⅲ-A-2-3-2-2-2-2　航行上の危険を公表する義務 (60)
Ⅲ-A-2-3-2-2-2-3　課徴金を課さない義務 (60)
Ⅲ-A-2-3-2-3　無害通航中の外国船舶に対する沿岸国の裁判権 (60)
Ⅲ-A-2-3-2-3-1　外国船舶内における刑事裁判権 (60)
Ⅲ-A-2-3-2-3-2　外国船舶に関する民事裁判権 (61)
Ⅲ-A-2-3-2-4　軍艦等の場合 (62)
Ⅲ-A-2-3-2-4-1　軍　艦　等 (62)
Ⅲ-A-2-3-2-4-2　軍艦の定義 (62)
Ⅲ-A-2-3-2-4-3　軍艦の無害通航権 (63)
Ⅲ-A-2-3-2-4-4　軍艦等の免除 (63)

Ⅲ-A-3　**国際航行に使用されている海峡**(国際海峡) (64)

Ⅲ-A-3-1　国際海峡と海洋法条約 (65)
Ⅲ-A-3-2　国際海峡の分類 (65)
Ⅲ-A-3-2-1　第Ⅲ部の通航制度が適用されない国際海峡 (65)
Ⅲ-A-3-2-2　第Ⅲ部の通航制度が適用される国際海峡 (67)
Ⅲ-A-3-3　国際海峡の法的地位 (70)

目　次

Ⅲ-A-3-3-1　第Ⅲ部の通航制度が適用される国際海峡の法的地位（70）

Ⅲ-A-3-3-1-1　沿岸国の権能—主権—（70）

Ⅲ-A-3-3-1-2　外国の使用の自由—通航制度—（71）

Ⅲ-A-3-3-1-2-1　通過通航（71）

Ⅲ-A-3-3-1-2-1-1　外国船舶・航空機の権利義務（72）

Ⅲ-A-3-3-1-2-1-1-1　外国船舶・航空機の権利—通過通航権—（72）

Ⅲ-A-3-3-1-2-1-1-1-1　通過通航の意味（72）

Ⅲ-A-3-3-1-2-1-1-1-2　通過通航を認められるもの（72）

Ⅲ-A-3-3-1-2-1-1-2　外国船舶・航空機の義務（73）

Ⅲ-A-3-3-1-2-1-1-2-1　船舶、航空機に共通の義務（73）

Ⅲ-A-3-3-1-2-1-1-2-2　船舶のみの義務（74）

Ⅲ-A-3-3-1-2-1-1-2-3　航空機のみの義務（75）

Ⅲ-A-3-3-1-2-1-2　沿岸国の権利義務（75）

Ⅲ-A-3-3-1-2-1-2-1　沿岸国の権利（75）

Ⅲ-A-3-3-1-2-1-2-1-1　通過通航に関する法令制定権（75）

Ⅲ-A-3-3-1-2-1-2-1-2　航路帯、分離通航帯を設定する権利（76）

Ⅲ-A-3-3-1-2-1-2-2　沿岸国の義務（76）

Ⅲ-A-3-3-1-2-1-3　海峡利用国と海峡沿岸国の協力（76）

Ⅲ-A-3-3-1-2-2　無害通航（77）

Ⅲ-A-3-3-1-2-2-1　無害通航制度が適用される国際海峡（77）

xi

Ⅲ-A-3-3-1-2-2-2　「強化された」無害通航 (77)
　　　Ⅲ-A-3-3-1-2-3　通過通航と一般の無害通航の基本的相違点 (78)
　　Ⅲ-A-3-3-2　第Ⅲ部の通航制度が適用されない国際海峡の法的地位 (78)
　　　Ⅲ-A-3-3-2-1　排他的経済水域航路、公海航路のある国際海峡 (78)
　　　Ⅲ-A-3-3-2-2　特別な条約によって規制される国際海峡 (79)
　　Ⅲ-A-3-3-3　宗谷海峡等五海峡 (80)

Ⅲ-A-4　**群 島 水 域** (82)

　　Ⅲ-A-4-1　群島水域と海洋法条約 (83)
　　Ⅲ-A-4-2　群島水域の範囲 (84)
　　　Ⅲ-A-4-2-1　群島基線 (84)
　　　Ⅲ-A-4-2-1-1　直線の群島基線 (85)
　　　Ⅲ-A-4-2-1-2　群島基線の引き方 (86)
　　　Ⅲ-A-4-2-1-2-1　水域と陸の面積の割合 (86)
　　　Ⅲ-A-4-2-1-2-2　基線の長さ (86)
　　　Ⅲ-A-4-2-1-2-3　輪　郭 (87)
　　　Ⅲ-A-4-2-1-2-4　低潮高地との関係 (87)
　　　Ⅲ-A-4-2-1-2-5　他国の領海との関係 (87)
　　　Ⅲ-A-4-2-1-3　領海等の幅の測定 (87)
　　　Ⅲ-A-4-2-2　内水の境界画定 (88)
　　　Ⅲ-A-4-2-3　群島基線の表示 (88)
　　Ⅲ-A-4-3　群島水域の法的性質 (88)
　　Ⅲ-A-4-4　群島水域の法的地位 (89)
　　　Ⅲ-A-4-4-1　群島国の権能―主権― (89)

目　次

Ⅲ-A-4-4-2　外国の使用の自由—通航制度—(89)
Ⅲ-A-4-4-2-1　無害通航(89)
Ⅲ-A-4-4-2-2　群島航路帯通航(90)
Ⅲ-A-4-4-2-2-1　群島航路帯通航の定義(90)
Ⅲ-A-4-4-2-2-2　群島航路帯通航のルート(91)
Ⅲ-A-4-4-2-2-3　外国船舶・航空機の権利義務(92)
Ⅲ-A-4-4-2-2-3-1　外国船舶・航空機の権利—群島航路帯通航権—(92)
Ⅲ-A-4-4-2-2-3-2　外国船舶・航空機の義務(93)
Ⅲ-A-4-4-2-2-4　群島国の権利義務(94)
Ⅲ-A-4-4-2-2-5　領海と群島水域の通航制度(94)
Ⅲ-A-4-4-3　伝統的な漁業権等の尊重(95)

Ⅲ-B　沿岸国の限定された領域管轄権が及ぶ海洋……97

Ⅲ-B-1　接続水域(97)

Ⅲ-B-1-1　接続水域と海洋法条約(97)
Ⅲ-B-1-2　接続水域の範囲(98)
Ⅲ-B-1-3　接続水域の法的地位(99)
Ⅲ-B-1-3-1　沿岸国の権能(99)
Ⅲ-B-1-3-1-1　接続水域における沿岸国の規制権(100)
Ⅲ-B-1-3-1-2　追跡権と接続水域における沿岸国の規制権との関係(101)
Ⅲ-B-1-3-1-3　接続水域海底からの考古学上のまたは歴史的な物の持ち去りに対する沿岸国の規制権(104)
Ⅲ-B-1-3-1-4　排他的経済水域または大陸棚における追跡権との比較(106)

Ⅲ-B-1-3-1-5　接続水域制度の一つの理解（*108*）
　　　Ⅲ-B-1-3-2　外国の使用の自由（*110*）

　Ⅲ-B-2　**排他的経済水域**（*112*）

　　Ⅲ-B-2-1　排他的経済水域と海洋法条約（*112*）
　　Ⅲ-B-2-2　排他的経済水域の範囲（*115*）
　　Ⅲ-B-2-2-1　限　界（*115*）
　　Ⅲ-B-2-2-1-1　内側の限界（*115*）
　　Ⅲ-B-2-2-1-2　外側の限界（*115*）
　　Ⅲ-B-2-2-2　幅（*115*）
　　Ⅲ-B-2-2-3　境界画定（*116*）
　　Ⅲ-B-2-2-4　限界線、境界画定線の表示（*117*）
　　Ⅲ-B-2-3　排他的経済水域の法的性質（*117*）
　　Ⅲ-B-2-4　排他的経済水域の法的地位（*120*）
　　Ⅲ-B-2-4-1　排他的経済水域の観念と沿岸国の権能の性質（*120*）
　　Ⅲ-B-2-4-1-1　排他的経済水域の観念（*120*）
　　Ⅲ-B-2-4-1-2　沿岸国の権能の性質（*121*）
　　Ⅲ-B-2-4-2　沿岸国の権能（*122*）
　　Ⅲ-B-2-4-2-1　経済的な目的の探査及び開発のための権能（*122*）
　　Ⅲ-B-2-4-2-1-1　事項的に限定された権能（*122*）
　　Ⅲ-B-2-4-2-1-2　主権的権利（*123*）
　　Ⅲ-B-2-4-2-1-3　立法的管轄権及び執行的管轄権（*125*）
　　Ⅲ-B-2-4-2-1-4　生物資源だけが問題とされる理由（*127*）
　　Ⅲ-B-2-4-2-2　その他の事項に関する権能（*128*）
　　Ⅲ-B-2-4-2-2-1　海洋構築物に関する権能（*128*）

目　次

Ⅲ-B-2-4-2-2-2　海洋の科学的調査に関する権能（*130*）
Ⅲ-B-2-4-2-2-3　海洋環境の保護保全に関する権能（*131*）
Ⅲ-B-2-4-2-2-3-1　海洋環境の汚染の防止、軽減及び規制のための立法的管轄権（*131*）
Ⅲ-B-2-4-2-2-3-2　海洋環境の汚染の防止、軽減及び規制のための執行的管轄権（*132*）
Ⅲ-B-2-4-2-3　排他的経済水域の領域性（*132*）
Ⅲ-B-2-4-3　外国の使用の自由（*133*）
Ⅲ-B-2-4-3-1　排他的経済水域において認められる自由（*133*）
Ⅲ-B-2-4-3-2　経済的事項への外国の権利（*134*）
Ⅲ-B-2-4-3-3　排他的経済水域の公海性（*134*）
Ⅲ-B-2-4-4　残余権の問題（*135*）
Ⅲ-B-2-5　排他的経済水域と排他的漁業水域（*137*）
Ⅲ-B-2-5-1　第Ⅴ部「排他的経済水域」の定める制度（*137*）
Ⅲ-B-2-5-2　排他的漁業水域（*137*）
Ⅲ-B-2-5-3　排他的経済水域の制度＝排他的漁業水域の制度＋大陸棚の制度（*138*）

Ⅲ-B-3　大 陸 棚（*139*）

Ⅲ-B-3-1　大陸棚と海洋法条約（*139*）
Ⅲ-B-3-2　大陸棚の範囲（*140*）
Ⅲ-B-3-2-1　限　界（*140*）
Ⅲ-B-3-2-1-1　内側の限界（*140*）
Ⅲ-B-3-2-1-2　外側の限界（幅）（*141*）
Ⅲ-B-3-2-2　境界画定（*147*）

Ⅲ-B-3-2-3　限界線、境界画定線の表示（*150*）
Ⅲ-B-3-3　大陸棚の法的地位（*150*）
Ⅲ-B-3-3-1　大陸棚の観念（*150*）
Ⅲ-B-3-3-1-1　条約上の大陸棚の観念（*150*）
Ⅲ-B-3-3-1-2　上部水域及び上空の地位（*151*）
Ⅲ-B-3-3-1-3　空間としての大陸棚の観念―大陸棚空間―（*154*）
Ⅲ-B-3-3-2　沿岸国の権能（*155*）
Ⅲ-B-3-3-2-1　大陸棚の探査及びその天然資源の開発のための主権的権利（*155*）
Ⅲ-B-3-3-2-2　その他の事項に関する権能（*157*）
Ⅲ-B-3-3-2-2-1　大陸棚掘削に関する権能（*157*）
Ⅲ-B-3-3-2-2-2　海洋構築物に関する権能（*158*）
Ⅲ-B-3-3-2-2-3　海洋の科学的調査に関する権能（*159*）
Ⅲ-B-3-3-2-2-4　海洋環境の保護保全に関する権能（*159*）
Ⅲ-B-3-3-2-3　大陸棚、その上部水域及び上空の領域性（*160*）
Ⅲ-B-3-3-2-3-1　大陸棚の上部水域及び上空の通常の公海及び上空からの区別（*160*）
Ⅲ-B-3-3-2-3-2　空間としての大陸棚―大陸棚空間―の領域性（*161*）
Ⅲ-B-3-3-2-3-3　条約上の規定の不在（*162*）
Ⅲ-B-3-3-2-3-4　追跡権の大陸棚への準用（*163*）
Ⅲ-B-3-3-3　外国の使用の自由（*165*）
Ⅲ-B-3-3-3-1　大陸棚の使用の自由（*165*）
Ⅲ-B-3-3-3-2　上部水域、上空の使用の自由（*165*）
Ⅲ-B-3-3-4　200海里を越える大陸棚についての

目　次

特別の制度（167）

Ⅳ　沿岸国の領域管轄権が及ばない海洋 …………… 169

Ⅳ-0-1　公　海（169）

Ⅳ-0-1-1　公海と海洋法条約（169）
Ⅳ-0-1-2　公海の範囲（170）
Ⅳ-0-1-2-1　両条約の規定（170）
Ⅳ-0-1-2-2　第三次国連海洋法会議における二種の
　　　　　　提案（170）
Ⅳ-0-1-2-3　排他的経済水域は公海ではない（171）
Ⅳ-0-1-2-4　残余権の規定との関係（172）
Ⅳ-0-1-2-5　沿岸国の領域管轄権との関係（173）
Ⅳ-0-1-2-6　国連海洋法条約上の公海の範囲（173）
Ⅳ-0-1-2-7　89条との関係（174）
Ⅳ-0-1-3　公海の法的地位（175）
Ⅳ-0-1-3-1　公海自由の原則（175）
Ⅳ-0-1-3-1-1　二条約の規定の比較（175）
Ⅳ-0-1-3-1-2　公海自由の二つの意味（177）
Ⅳ-0-1-3-1-3　公海における活動の自由（179）
Ⅳ-0-1-3-1-3-1　六つの自由—国家の権利—（179）
Ⅳ-0-1-3-1-3-2　すべての国の権利（182）
Ⅳ-0-1-3-1-3-3　六つの自由以外の活動（182）
Ⅳ-0-1-3-1-3-4　六つの自由が認められる公海の範
　　　　　　　　囲（183）
Ⅳ-0-1-3-2　旗国の排他的管轄権の原則（184）
Ⅳ-0-1-3-2-1　船舶に対する旗国の排他的管轄権（184）

Ⅳ-0-1-3-2-2　旗国の排他的管轄権の原則が果たす
　　　　　　　機能（*186*）
Ⅳ-0-1-3-2-3　旗国の排他的管轄権の原則に対する
　　　　　　　例外（*187*）
Ⅳ-0-1-3-2-3-1　軍艦等の場合（*187*）
Ⅳ-0-1-3-2-3-2　商船等の場合（*188*）
Ⅳ-0-1-3-2-3-2-1　臨　検（*188*）
Ⅳ-0-1-3-2-3-2-2　継続追跡（*194*）
Ⅳ-0-1-3-2-3-2-3　これらの例外が果たす機能（*195*）
Ⅳ-0-1-3-2-3-2-4　濫用に対する抑制（*195*）
Ⅳ-0-1-3-2-4　公海における秩序維持（*196*）

Ⅳ-0-2　**深 海 底**（*198*）

Ⅳ-0-2-1　深海底という表現（*198*）
Ⅳ-0-2-2　深海底と海洋法条約（*198*）
Ⅳ-0-2-2-1　パルド提案（*198*）
Ⅳ-0-2-2-2　パルド提案の審議（*200*）
Ⅳ-0-2-2-3　深海底原則宣言（*202*）
Ⅳ-0-2-2-4　国連海洋法条約及び同第Ⅺ部実施協定
　　　　　　（*203*）
Ⅳ-0-2-3　深海底の範囲（*205*）
Ⅳ-0-2-3-1　排他的経済水域ないし大陸棚の外側の
　　　　　　限界（*205*）
Ⅳ-0-2-3-2　深海底と公海の範囲（*206*）
Ⅳ-0-2-3-3　深海底の範囲の決定（*206*）
Ⅳ-0-2-4　深海底の法的地位（*207*）
Ⅳ-0-2-4-1　深海底の観念（*207*）
Ⅳ-0-2-4-2　すべての国との関係における深海底の

　　　　　法的地位（*208*）
　　Ⅳ-0-2-4-3　人類との関係における深海底の法的地
　　　　　位（*209*）
　　Ⅳ-0-2-4-3-1　人類と国際共同体（*209*）
　　Ⅳ-0-2-4-3-2　人類の共同財産の原則（*210*）
　　Ⅳ-0-2-4-3-2-1　人類の共同財産の原則の目的（*211*）
　　Ⅳ-0-2-4-3-2-2　主権、主権的権利の主張の禁止及
　　　　　び専有の禁止、特に深海底資源の専
　　　　　有の禁止（*212*）
　　Ⅳ-0-2-4-3-2-3　国際法の主体としての人類（*214*）
　　Ⅳ-0-2-4-3-2-4　人類の共同財産の管理機関—国際
　　　　　海底機構—（*217*）
　　Ⅳ-0-2-4-3-2-4-1　深海底に関する人類の権能（*217*）
　　Ⅳ-0-2-4-3-2-4-2　深海底に関する国際海底機構の
　　　　　権能（*218*）

あとがき

事項索引

海洋国際法入門

I　海洋国際法とその法典化

I-0-1　海洋国際法

　海洋国際法（海の国際法、国際海洋法または単に海洋法とも呼ばれる）は、海洋とそこにおける人間活動について規律する国際法規則の全体である。

　まず、海洋国際法は海洋について規律する国際法規則であるという場合、その海洋には海そのもののほかに、その上空もまた海底及びその地下も含まれる。

　次に海洋国際法は海洋における人間活動を規律する国際法規則であるという場合、その人間活動には海上及び海中における船舶の航行、上空の航空機の飛行、海底上の海底電線の敷設などの交通通信活動、海洋の資源及びエネルギーの開発活動、海洋資源の保存活動、海洋環境の保全活動、海洋の科学的調査活動などが含まれる。海洋資源の開発については、生物資源の開発のほかに、現代では海底の鉱物資源の開発が重要になっている。

　海洋国際法は国際法の一つの分野であって、戦争に関する国際法や外交に関する国際法などとともに、国際法の最も古くからある分野の一つである。また、海洋国際法は人権国際法や環境国際法などとともに、第二次大戦後において飛躍的な発展を遂げた国際法の一分野である。

I-0-2　海洋国際法の法典化

　海洋国際法は、古くからある他の国際法の分野と同様に、まず慣習法（成文化されていない不文の法）として形成され、次第に条約という形で成文化された。この慣習国際法の条約化は法典化と呼ばれている。

　ハーグ国際法法典化会議　1930年、国際連盟主催のもとに開かれたハーグ国際法法典化会議において、「領海の法的制度」に関し法典化が試みられた。しかし領海の幅などについて諸国の一致が得られず、条約の採択には至らなかった。

　ただしこの試みは法典化には成功しなかったけれども、海洋国際法の発展に大きな貢献をした。当時、沖合の海である公海から区別される沿岸の海を、単一の海として捉えるか、それともそれぞれ違った制度が適用される二つの海として捉えるか、また二つの海として捉えた場合に、それぞれにどのような名称を与えるかについて、さらに沿岸の海において沿岸国に認められる国際法上の権能（法律上の力、legal power, pouvoir juridique）をどのように見るかについて、諸国の実行及び学説は多岐に分かれていた。1930年の法典化会議はそのような問題について決着を与えた。

　すなわち、沿岸国がなんらかの権能を行使していた沿岸の海を、法的地位を異にする、従って違った制度が適用される二つの海に分けること、それぞれに内水及び領海の名称を与えること、これらの海における沿岸国の権能を、領土における国家の権能と同様に、主権（後述）と見ることについて諸国のおおよその同意が得られた。それ以後の海洋国際法の発展及び法典化はこの方向で進められていく。

I 海洋国際法とその法典化

**第一次、第二次　**　1958年、国際連合は第一次国連海洋法会議
国連海洋法会議　（ジュネーヴ）を開催した。この会議は、国連の国際法委員会（国連総会の補助機関）の作成した条約案を基礎にして審議し、次の四つの条約を採択した。これらの四条約は1960年代に入り効力を発生し、海洋国際法の最初の法典化条約となった。

「領海及び接続水域に関する条約」（**領海条約**）

　　　　　　　1958年4月29日採択　1964年9月1日発効

「公海に関する条約」（**公海条約**）

　　　　　　　1958年4月29日採択　1962年9月30日発効

「漁業及び公海の生物資源の保存に関する条約」

　　　　　　　1958年4月29日採択　1966年3月20日発効

「大陸棚に関する条約」（**大陸棚条約**）

　　　　　　　1958年4月29日採択　1964年6月10日発効

これらの条約は、海洋法に関する慣習法を法典化したに止まらず、それをより一層明確化し、さらにそれを発展させた。しかしこれらの条約はいくつかの重大な問題点を含んでいた。特に次の二つの点が重要である。第一に領海の幅についての規則が決められていなかった。1960年、領海の幅について決定するために第二次国連海洋法会議（ジュネーヴ）が開かれたが、不成功に終わった。第二に国際法上の大陸棚の範囲の決定基準に、水深200メートル基準のほかに、開発可能基準が採用されていた。

これらの問題点を含んでいたために、1960年代に入り、一方において、領海の一方的拡張（12海里）の傾向が強まり、他方において、海底資源開発技術の発達に伴い、開発可能な大陸棚の範囲が広

がっていき、国際法上の大陸棚が無制限に拡大される虞が出てきた。

第三次国連海洋法会議　このような事情を背景にして、1967年から国連の海底平和利用委員会（国際法委員会と同様、国連総会の補助機関であるが、国際法委員会が個人の資格で選ばれる国際法の専門家をメンバーとしているのに対し、この委員会は国家代表から構成される点において国際法委員会と異なる）を中心にして海洋法再検討の動きが起こる。1973年に第三次国連海洋法会議が発足し、以来足掛け10年、11会期を経て、1982年4月30日、海洋法の全分野にまたがる単一の条約が採択された（賛成130、反対4、棄権17）。

「海洋法に関する国際連合条約」（**国連海洋法条約、モンテゴベイ条約**）　　　　　　　　　　　　　　1982年4月30日採択
　　　　　　　1982年12月10日署名　1994年11月16日発効

　国連海洋法条約は、慣習法の法典化とともに、伝統的な海洋法に対して革命的変更ともいうべき新しい内容をも含んでいる。しかし次のように見る見方もある。革命的変更といわれるものの中にも、会議継続中に急速に形成されつつあったとみられる慣習法の規則を条約化したものもあり、その意味においてそれらもまた実定法（現実に行われている現行法）の現状を表している。例えば、国連海洋法条約に新しく200海里の排他的経済水域が規定されたが、1981年現在でなんらかの形で200海里水域を主張している国は90ヵ国に達しようとしていた。

　1982年12月6日～10日にかけてジャマイカのモンテゴベイで署名会議が開かれ、12月10日から2年間、国連海洋法条約は署名のために開放された（305条2項）。署名国159（日本は1983年2月7

Ⅰ　海洋国際法とその法典化

日署名、アメリカ、イギリス、ドイツなど未署名)。条約はまた加入のために開放されている (307条)。

Ⅰ-0-3　国連海洋法条約の発効

国連海洋法条約308条1項は次のように規定している。

《この条約は、60番目の批准書又は加入書が寄託された日の後12箇月で効力を生ずる》。

1993年11月16日、ガイアナが60番目の批准書を国連事務総長に寄託した。そこでそれから1年後、1994年11月16日に国連海洋法条約は効力を発生した。1982年4月30日の国連海洋法条約の採択からその発効まで、実に12年半の歳月を要している (第三次国連海洋法会議が発足したのは1973年12月であるから、それから数えると21年)。

日本については、国連海洋法条約への署名は前記のように1983年2月7日 (署名開放期間のいわゆる「後からの署名」)、それから13年をへて1996年3月〜6月に同条約 (及び後述の同条約第Ⅺ部実施協定) は国会で審議、承認されて、6月18日に同条約批准の閣議決定が行われ、6月20日に国連事務総長に批准書が寄託された。

《60番目の批准書又は加入書が寄託された後にこの条約を批准し又はこれに加入する国については、この条約の1の規定に従うことを条件にして、その批准書又は加入書の寄託の日の後30日目に効力を生ずる》(308条2項)。この規定に基づいて国連海洋法条約は1996年7月20日、日本について効力を発生した。その日はちょうど「海の日」に当たる。

国連海洋法条約　　国連海洋法条約の発効に関連して、国連海
第Ⅺ部実施協定　　洋法条約第Ⅺ部実施協定 (正式名称は「1982

年12月10日の海洋法に関する国際連合条約第XI部の実施に関する協定」、略称として国連海洋法条約第XI部実施協定のほかに深海底制度実施協定、1994年ニューヨーク協定とも呼ばれる)というもう一つの条約の採択について触れておかなければならない。

　国連海洋法条約はこのように採択後10年余を要して発効の要件を満たしたが、しかし発効の要件が整う1993年11月16日までに批准書または加入書を寄託した60の国は、アイスランドを除いてすべて開発途上国であった。先進国であるアメリカ、イギリス、ドイツなどは条約に署名さえしていない(もっとも署名していなくても、加入書の寄託という方法で条約に参加することはできる)。日本、フランス、ロシアなど署名した先進国も条約発効の段階で批准していない。

　国連海洋法条約に先進国の署名や批准が得られなかった理由はどこにあったのか。それは同条約第XI部「深海底」の規定にあった。特に第XI部の規定する深海底の資源の開発制度にあった。この深海底の資源の開発制度をめぐって、第三次国連海洋法会議は最後まで開発途上国と先進国の意見が対立した。

　開発途上国は、深海底及びその資源を人類の共同財産とし、国連海洋法条約によって設立されることになる国際海底機構だけが、人類の機関として人類全体の利益のために深海底資源の開発を行い得ると主張した。これに対して先進国は、開発は各国やその企業の自由に任せ、国際海底機構は必要な監督を行うだけに止めようと主張した。

　条約では両者の主張の妥協として、開発方式としていわゆる並行方式が採られることになる。すなわち、開発は国際海底機構自身(実際には事業体と呼ばれる機構の機関)と、機構と提携するという

Ⅰ　海洋国際法とその法典化

条件で条約締約国やその企業が、並行して開発に当たるという方式が採られることになる。

　しかしこの開発方式に関しても先進国に強い不満が残った。さらに条約が採用する開発制度は、深海底資源の開発を行う先進国やその企業に対し、財政的負担や強制的な技術移転義務など過重な負担を課すものであった。そのようなわけで条約は採択されたものの、先進国の署名や批准を得ることができなかった。

　そこで先進国の条約への参加を得て（先進国の参加なくしては国際海底機構そのものも設立できない）、条約のいわゆる普遍性を獲得するためには、国連海洋法条約第Ⅺ部の規定、特に深海底の資源の開発制度を、先進国にも受け入れられ得るような形に変えていかなければならない。

　そのようなわけで1990年以来、国連事務総長主催のもとに、第三次国連海洋法会議で中心的な役割を果たした諸国を集めて、非公式協議が行われてきた。そこにおいて先進国の国連海洋法条約への参加に当たって障害となっている問題について審議してきた。4年間15回の会合を経て、同非公式協議は1994年に国連海洋法条約第Ⅺ部実施協定の原案の作成にこぎつけた。

　この実施協定は1994年7月28日、第48回国連総会において正式に採択され（賛成121、反対0、棄権7）、7月29日、署名式が行われた。同日、実施協定に40の国と欧州共同体が署名した（日本は批准を条件として署名）。その中に22の先進国が含まれていた。

　実施協定は、《40の国が、自国が拘束されることについての同意を確定した日の後30日で効力を生ずる》（6条1項）と規定している。もっともその40ヵ国の中に先行投資国（第三次国連海洋法会議の決議Ⅱの1(a)に挙げられている11の国）のうちの先進国5ヵ国

を含む7ヵ国が入っていなければならない(同)。1996年6月28日、これらの発効条件を満たし、実施協定はそれから30日目の1996年7月28日、効力を発生した(6条2項)。日本については、1996年6月20日批准書寄託、協定の発効と同時に日本についても効力を発生した。

　実施協定は国連海洋法条約第XI部を改正するものである。この実施協定と国連海洋法条約第XI部は、単一の文書として、一括して解釈され適用される。そして、実施協定と国連海洋法条約第XI部の規定との間で不一致がある場合には、実施協定の方が優先する(実施協定2条)。

　この実施協定により、先進国に不満のあった国連海洋法条約第XI部の規定が、先進国の意に沿う形で改正された。それによって先進国の国連海洋法条約参加への道が開かれ、同条約の普遍性実現への歩みが大きく前進した。

Ⅰ-0-4　国連海洋法条約の構成

　国連海洋法条約の構成は次の通りである。

```
前　文
第Ⅰ部　序
第Ⅱ部　領海及び接続水域
第Ⅲ部　国際航行に使用されている海峡
第Ⅳ部　群　島　国
第Ⅴ部　排他的経済水域
第Ⅵ部　大　陸　棚
第Ⅶ部　公　海
```

第Ⅷ部　島の制度
第Ⅸ部　閉鎖海又は半閉鎖海
第Ⅹ部　内陸国の海への出入りの権利及び通過の自由
第ⅩⅠ部　深 海 底
第ⅩⅡ部　海洋環境の保護及び保全
第ⅩⅢ部　海洋の科学的調査
第ⅩⅣ部　海洋技術の発展及び移転
第ⅩⅤ部　紛争の解決
第ⅩⅥ部　一般規定
第ⅩⅦ部　最終規定
　附属書Ⅰ　高度回遊性の種
　附属書Ⅱ　大陸棚の限界に関する委員会
　附属書Ⅲ　概要調査、探査及び開発の基本的な条件
　附属書Ⅳ　事業体規程
　附属書Ⅴ　調 停
　附属書Ⅵ　国際海洋法裁判所規程
　附属書Ⅶ　仲 裁
　附属書Ⅷ　特別仲裁
　附属書Ⅸ　国際機関による参加

Ⅱ　海洋の区分と分類

Ⅱ-0-1　海洋国際法上の海洋

　海は一般に「地球上の陸地以外の部分で、塩水をたたえた所」（広辞苑）と理解されている。海洋国際法上の海洋も、海洋のこの一般的観念を基礎とするが、「海洋国際法によって規律される［海洋］空間であるためには、その［海洋］空間が全世界的な規模において相互に自由にかつ自然に通じていることが必要である」（G. Gidel, Le droit international public de la mer, I, P. 40）といわれる。

　「相互に自由にかつ自然に通じている」ということは、一般に海峡によって連絡していると理解してよいだろう。従って海洋の他の部分と自由かつ自然な連絡を有しない、例えばカスピ海、アラル海、死海、グレート・ソルト湖などは、塩水をたたえた部分として、一般に（地理学的意味において）海と呼ばれることがあるとしても、それらは海洋国際法上の海洋には含まれない。

　これらの海も、複数の国の利益に係わる場合には、例えば複数の沿岸国を持つような場合には、国際法の規律の対象となることはあり得る。しかし海洋国際法上の海洋として、海洋国際法が自動的に適用されるということはない。

　このように理解される海洋国際法上の海洋は、諸大洋及び諸大洋と海峡によって結ばれている海洋の全体であって、一つの連続体として捉えることができる。瀬戸内海や黒海やアゾフ海などは陸地に

囲まれているが、海峡を通して諸大洋と繋がっており、従ってこの連続体の一部を構成するものとして、海洋国際法上の海洋であるということができる。

II-0-2　海洋法条約における海洋の基本的区分

II-0-2-1　1958年海洋法条約における海洋の基本的区分

1958年の公海条約1条は次のように規定している。

《公海とは、いずれの国の領海又は内水にも含まれない海洋のすべての部分をいう》。

この規定は公海の範囲について規定したものだが、この規定から1958年海洋法条約では海洋は基本的に内水、領海、公海の三つに区分されていることがわかる。

1958年海洋法条約はその他に接続水域（領海条約24条）、大陸棚（大陸棚条約）について規定している。しかし接続水域は《領海に接続する公海の水域》（領海条約24条1項）であって、基本的区分としては公海に含まれる。また大陸棚は《領海の外にある海底区域》（大陸棚条約1条）そのものであって、その上部水域は公海とされる（同3条）。従って大陸棚は海洋の基本的区分の一つである公海の海底の一部であって、少なくとも海洋法条約上は海洋の基本的区分の一つではない。

II-0-2-2　1982年国連海洋法条約における海洋の基本的区分

1982年の国連海洋法条約86条は次のように規定している。

《この部［第VII部公海］の規定は、いずれの国の排他的経済水域、領海若しくは内水又はいずれの群島国の群島水域にも含まれない海

Ⅱ　海洋の区分と分類

洋のすべての部分に適用する》。

　前記の公海条約1条とは規定の仕方が異なるけれども、この規定から国連海洋法条約では、海洋は基本的には内水、領海、排他的経済水域、公海の四つに区分されていること、そして群島国の場合は、それらに群島水域を加えて五つに区分されることが分かる。

　1982年条約はその他に接続水域（Ⅱ部4節）、国際海峡（Ⅲ部）、大陸棚（Ⅵ部）、深海底（Ⅺ部）について規定している。しかし基本的区分としては、接続水域は、《領海に接続する水域》（33条1項）として、排他的経済水域を設定しない国の場合は公海に含まれ、排他的経済水域を設定している国の場合は排他的経済水域に含まれる。また第Ⅲ部［国際海峡］の通航制度（通過通航制度及び「強化された」無害通航制度）が適用される国際海峡は領海に含まれる（後述）。さらに排他的経済水域を採用しない国の場合、大陸棚は条約上は公海の海底及びその下の一部であり、排他的経済水域を採用する国の場合は200海里までの大陸棚は排他的経済水域の海底及びその下と重なり、200海里を越える大陸棚と深海底は条約上は公海の海底及びその下に含まれる。

　従って国連海洋法条約における海洋の基本的区分としては、1958年条約の内水、領海、公海の三区分に排他的経済水域を加えた四区分（一般の国家の場合）、群島国についはさらに群島水域を加えた五区分となる。

　海洋の基本的区分として領海と公海があることについてはよく知られている。しかし領海よりさらに陸地側に内水という海洋の基本的区分が存在するということについて注意する必要がある。後述のように日本は領海の基線として直線基線をも採用することになり、日本列島の海岸に沿って、領海の内側にかなり広大な内水を持つこ

とになった。ちなみに東京湾や瀬戸内海は領海ではなく、海洋国際法上、内水である。また通常の海岸線に沿ってもかなり広い内水が存在することになった。その結果、内水と領海を合わせた日本のいわば海の領域の面積が領土の面積を超えることになった。

また、国連海洋法条約により排他的経済水域が海洋の新しい区分として登場した。排他的経済水域は領海と公海の間に設けられ、後述するように公海の一部ではなく、公海から区別される海洋の新しい基本的区分の一つである。なお日本の排他的経済水域の広さは、世界7位で、日本の領土の10倍余の面積を持つ。

II-0-3　沿岸国の領域管轄権との関係における海洋の分類

II-0-3-1　管轄権、領域管轄権、限定された領域管轄権

管轄権　　国連海洋法条約1条1項(1)は、深海底を定義して次のように規定している。

《「深海底」とは、国の管轄権の及ぶ区域の境界の外の海底及びその下をいう》。

国の管轄権の及ぶ区域の境界は、排他的経済水域ないしは大陸棚の外側の限界である。その限界の外の海底及びその下が深海底であるということとともに、その限界内においては沿岸国の管轄権が及んでいるということを、この条項は示している。すなわち内水や領海はいうまでもなく、その外にある排他的経済水域や大陸棚にも沿岸国の管轄権が及んでいるということである。

管轄権という言葉は色々な意味に用いられるが、ここでは「国の管轄権」(national jurisdiction, juridiction nationale) として、一般にそう理解されているように、国家的機能を遂行するために国内法を

Ⅱ　海洋の区分と分類

制定し、その執行を確保する国家の権能という意味に理解することにする。立法的権能及び執行的権能といってもよい（あるいは立法権、司法権及び行政権といってもよい）。

　普通、この二つないし三つに分けられる国家の権能の総称として、管轄権の語が用いられるが、個々の権能について例えば立法的管轄権、執行的管轄権と呼ばれることもある。この場合の管轄権は単に権能という意味で使われていると思われる。

　いずれにしても管轄権の観念は、法を制定し、執行する権能という形式的な観念である。内水、領海、排他的経済水域、大陸棚など問題となる空間において、沿岸国が具体的にどのような事項に関して管轄権を有し、それを行使し得るかは、国際法の定めるところによる。

　後で見るように、沿岸国がその排他的経済水域や大陸棚において行使することを認められる管轄権の主たるものは、国連海洋法条約上は「主権的権利」と呼ばれている（56条１項、77条１項）。この主権的権利は、排他的経済水域や大陸棚の天然資源の探査、開発などのために沿岸国に認められる。すなわち天然資源の探査、開発という事項など条約の定める一定の事項に限定される管轄権である。

　内水や領海において沿岸国が行使することを認められる管轄権は「主権」と呼ばれている（２条）。この主権は、原則として沿岸国がその国家的機能の遂行に必要なあらゆる事項に及んでいる。従ってそれは事項的に限定されない管轄権であるといえる。

　いずれにしても沿岸国は、排他的経済水域や大陸棚に係わって、その天然資源の探査、開発などという事項に限定されるけれども、それらの事項に関して国内法を制定し、排他的経済水域（後述するように条約上、排他的経済水域は海だけではなく上空や海底及び地下を

17

含む観念である）や大陸棚空間（条約が定義する大陸棚と区別して、以後、大陸棚、上部水域、上空を含む観念として用いる）においてそれを適用し、その執行を確保する権能を有する。排他的経済水域や大陸棚に沿岸国の管轄権が及んでいるということはそういうことであると思われる。

領域管轄権　一定の空間内に国家の管轄権が及ぶということは、その空間内にいる原則としてすべての人、船舶、航空機などに国籍の区別なくその国の管轄権が及ぶということである。そのように空間的には限定されるけれども、人的には限定されない（国籍によって限定されない）国家の管轄権は、領土、内水、領海を含む領域と呼ばれる空間に及ぶ管轄権として、領域管轄権 (territorial jurisdiction, compétence territoriale) と呼ばれる。領土、内水、領海に及ぶ領域管轄権は、人的に限定されないだけでなく、上述のように事項的にも限定されない管轄権として、その内容の完全性のゆえに領域主権 (territorial sovereignty, souveraineté territoriale) と呼ばれ、また領域主権の意味で単に主権とも呼ばれる。

限定された領域管轄権　排他的経済水域や大陸棚空間に及ぶ沿岸国の管轄権も、排他的経済水域の外側の限界までとか大陸棚の外側の限界までというように、空間的に限定される管轄権である。その意味で領海などに及ぶ領域管轄権と共通の性格を持つ。

ただ天然資源の探査、開発といった事項にその対象を限定される管轄権であるという点において、領海などに及ぶ領域管轄権と異なる。しかし事項的に限定される管轄権であるが、天然資源の探査、開発など沿岸国が管轄権を有する事項に係わる人、船舶、航空機などに関する限り、国籍の区別なく沿岸国の管轄権は及ぶ。

Ⅱ　海洋の区分と分類

　すなわち排他的経済水域や大陸棚の天然資源の探査、開発といった事項に関し、沿岸国は法令を制定することができ、この法令及びこれらの事項と関連のある国内法である限り、それらを排他的経済水域や大陸棚空間において、国籍の区別なく全ての人、船舶、航空機など——これらの事項に係わる人、船舶、航空機などである限り——に適用し、執行することができる。

　排他的経済水域や大陸棚空間における沿岸国の管轄権をどのようなものとして捉えるか。国家の管轄権の存在の形式として、空間的には限定されるが人的には限定されない領域管轄権と、空間的には限定されないが人的に限定される人的管轄権（personal jurisdiction, compétence personnelle）の少なくとも二つを挙げることについては異論はないと思われる。

　排他的経済水域や大陸棚空間における沿岸国の管轄権は、何よりも空間的に限定される管轄権として、領域管轄権のタイプに属する。人的限定がないという点については、全面的には認められないとしても部分的には認められる。すなわち排他的経済水域や大陸棚における沿岸国の管轄権は、国際法の定める事項に係わる人、船舶、航空機などに関する限りではあるが、国籍の区別なくすべてのものに適用される。従ってその点についても領域管轄権との共通性が見られる。

　そこで何よりも空間的に限定される管轄権であるという共通点に着眼し、排他的経済水域や大陸棚空間における沿岸国の管轄権も、一応，領域管轄権の一種として捉える。ただ内水や領海における領域管轄権が原則として事項的に限定されない管轄権であるのに対し、排他的経済水域や大陸棚空間における管轄権は、事項的に限定される管轄権である点において顕著な違いが見られる。

そこで前者を事項的に限定されない完全な領域管轄権（領域主権）と呼び、後者すなわち排他的経済水域や大陸棚空間における管轄権を、事項的に限定される限定された領域管轄権として捉えることにする（限定された領域管轄権の観念については、桑原「領域管轄権と排他的経済水域」一橋論叢 98 巻 4 号で検討した。なお排他的経済水域や大陸棚を領域管轄権の枠内で捉えている人に、それぞれニュアンスの違いは見られるが、S. Bastid, J. Combacau, Ph. Manin, A. Pellet, J. Touscoz などがいる）。

なお内水や領海における完全な領域管轄権は、その内容の完全性と共にその行使の排他性を有する管轄権であるが、排他的経済水域や大陸棚空間における限定された領域管轄権も、事項的には限定されるけれども、その限定された事項に関する限り、沿岸国のみが管轄権を行使し得るという意味において、やはり行使の排他性を有する管轄権であるといえる。

この行使の排他性という点に関しても、排他的経済水域や大陸棚空間における沿岸国の管轄権は、内水や領海における沿岸国の管轄権と共通の性格を持つ。

II-0-3-2　海洋の分類

沿岸国の領域管轄権との関係における海洋の分類として、まず①領域管轄権が及ぶ海洋、②領域管轄権が及ばない海洋、に分けられる。

沿岸国の領域管轄権が及ぶ海洋として内水、領海、群島水域、排他的経済水域が挙げられ、領域管轄権が及ばない海洋として公海が挙げられる。

次に領域管轄権が及ぶ海洋はさらに、α）完全な領域管轄権が及

Ⅱ　海洋の区分と分類

ぶ海洋、β）限定された領域管轄権が及ぶ海洋、に分けられる。内水、領海、群島水域がα）に属し、排他的経済水域がβ）に属する。

　これらの基本的区分のほかに国連海洋法条約が規定する国際海峡、接続水域、大陸棚、深海底については、第Ⅲ部［国際海峡］の通航制度が適用される国際海峡は、前述のように基本的区分としては領海に含まれ、従って沿岸国の完全な領域管轄権の及ぶ海洋に属し、接続水域は排他的経済水域制度を採用する国の場合は排他的経済水域に含まれて、従って限定された領域管轄権の及ぶ海洋に属する。大陸棚については、排他的経済水域制度を採用しない国の場合は、条約上は領域管轄権の及ばない公海の海底ということになるが、大陸棚空間には上に見たように沿岸国の限定された領域管轄権が及ぶと考えられるので、大陸棚は限定された領域管轄権が及ぶ海洋に属すると考える。排他的経済水域制度を採用しない国の接続水域は、大陸棚空間の一部と考えられるので、やはり限定された領域管轄権の及ぶ海洋に属する。排他的経済水域制度を採用する国で同水域の外にも国際法上の大陸棚が存在する場合は、そこは条約上は公海であるが、上に述べたと同じような理由から、その大陸棚空間の部分は沿岸国の限定された領域管轄権の及ぶ海洋と考える。深海底はその上部水域は公海であるので、沿岸国の領域管轄権との関係においては、領域管轄権の及ばない海洋に分類する。

　そこで国連海洋法条約の海洋の基本的区分及び同条約に規定されるその他の海洋ないし海底の部分は次のように分類される。（図1）

① 沿岸国の領域管轄権が及ぶ海洋
　α）沿岸国の完全な領域管轄権が及ぶ海洋……内水、群島水域、領海、国際海峡

β）沿岸国の限定された領域管轄権が及ぶ海洋……接続水域、排他的経済水域、大陸棚
② 沿岸国の領域管轄権が及ばない海洋……公海、深海底

II 海洋の区分と分類

図1 海洋の区分と分類

図1-a（∵排他的経済水域をとる国の場合∵大陸縁辺部の外縁が200カイリ以内の場合）

完全な領域管轄権 — 領域管轄権
内水 — 領海 — 接続水域（12カイリ／24カイリ）〔基線〕
排他的経済水域 — 限定された領域管轄権
排他的経済水域及ぶ海洋
200カイリ
公海 — 領域管轄権が及ばない海洋
深海底

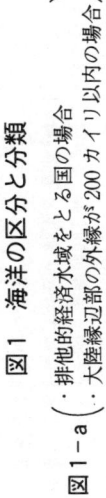

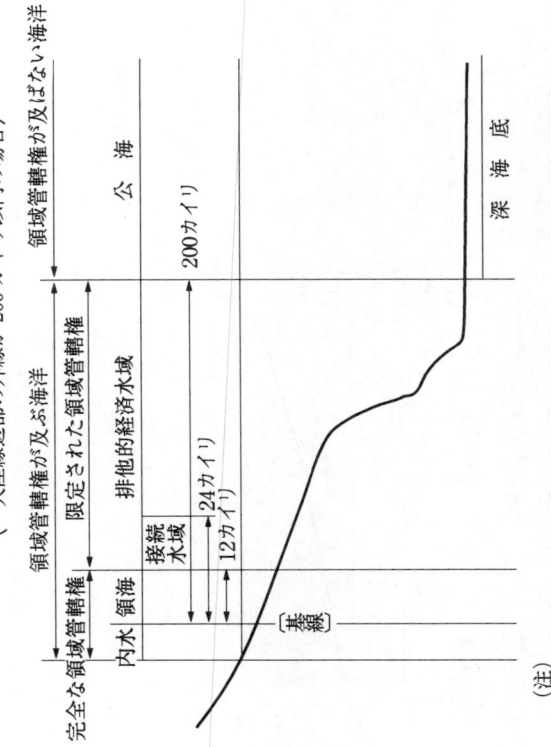

（注）
1. 群島国の場合は、「群島水域」が「内水」と「領海」の間に入る。
2. 第Ⅲ部の規定が適用される「国際海峡」は「領海」に含まれる。
3. 排他的経済水域の海底には大陸棚の制度が適用される。

23

海洋国際法入門

図1-b（・排他的経済水域をとる国の場合
　　　　・大陸縁辺部の外縁が200カイリ以遠の場合）

```
完全な領域管轄権 | 領域管轄権 | 限定された領域管轄権 | 領域管轄権が及ばない海洋
                                                  大陸縁辺部の外縁が200カイリ以遠の海洋
内水 | 領海 | 接続水域 | 排他的経済水域 | 公　海
        12カイリ
        24カイリ
                    200カイリ
[基線]
                              大陸棚         深　海　底
```

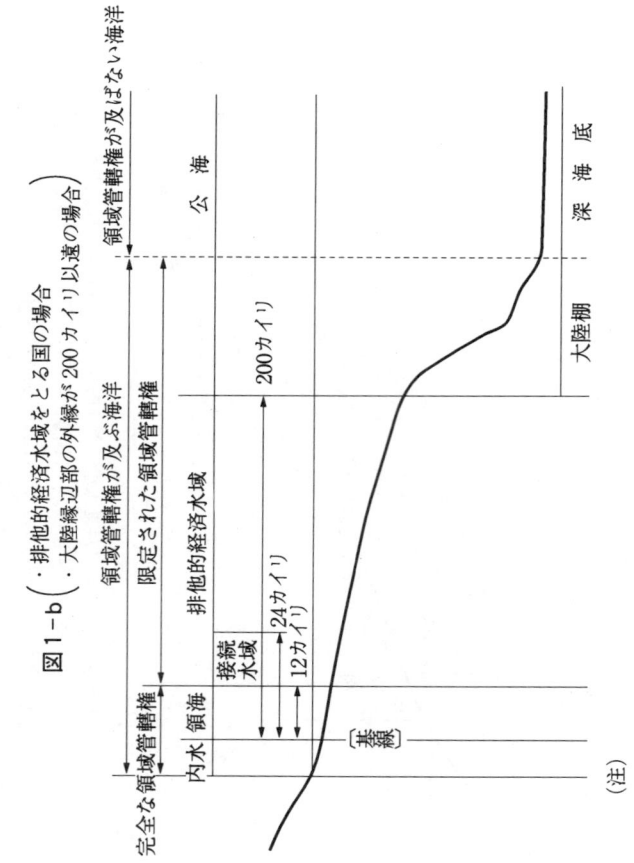

(注)

1. 群島国の場合は、「群島水域」が「内水」と「領海」の間に入る。
2. 第Ⅲ部の規定が適用される「国際海峡」は、「領海」に含まれる。
3. 排他的経済水域の海底には大陸棚の制度が適用される。
4. 大陸棚の上部水域は条約上は公海。

II 海洋の区分と分類

図1-c (・:排他的経済水域をとらない国の場合 / ・:大陸縁辺部の外縁が200カイリ以内の場合)

完全な領域管轄権 | 領域管轄権 限定された領域管轄権が及ぶ海洋 | 領域管轄権が及ばない海洋

内水 | 領海 | 接続水域 12カイリ / 24カイリ | 200カイリ | 公 海

基線 | 大 陸 棚 | 深 海 底

(注)
1. 群島国の場合は、「群島水域」が「内水」と「領海」の間に入る。
2. 第Ⅲ部の規定が適用される「国際海峡」は「領海」に含まれる。
3. 大陸棚の上部水域は条約上は公海。

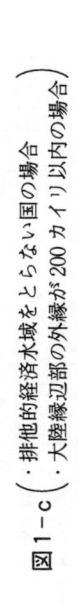

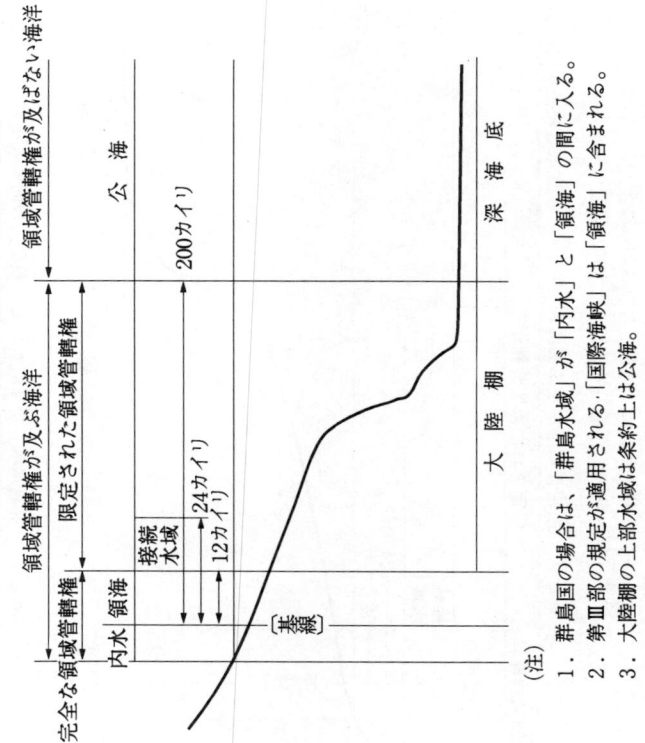

海洋国際法入門

図1−d（・：排他的経済水域をとらない国の場合
 ・：大陸縁辺部の外縁が200カイリ以遠の場合）

完全な領域管轄権 | 領域管轄権 | 限定された領域管轄権 | 領域管轄権が及ぶ海洋 | 領域管轄権が及ばない海洋

内水　領海　接続水域（12カイリ／24カイリ）　基線　200カイリ　大陸棚　公海　深海底

(注)
1. 群島国の場合は、「群島水域」が「内水」と「領海」の間に入る。
2. 第Ⅲ部の規定が適用される「国際海峡」は、「領海」に含まれる。
3. 大陸棚の上部水域は条約上は公海。

26

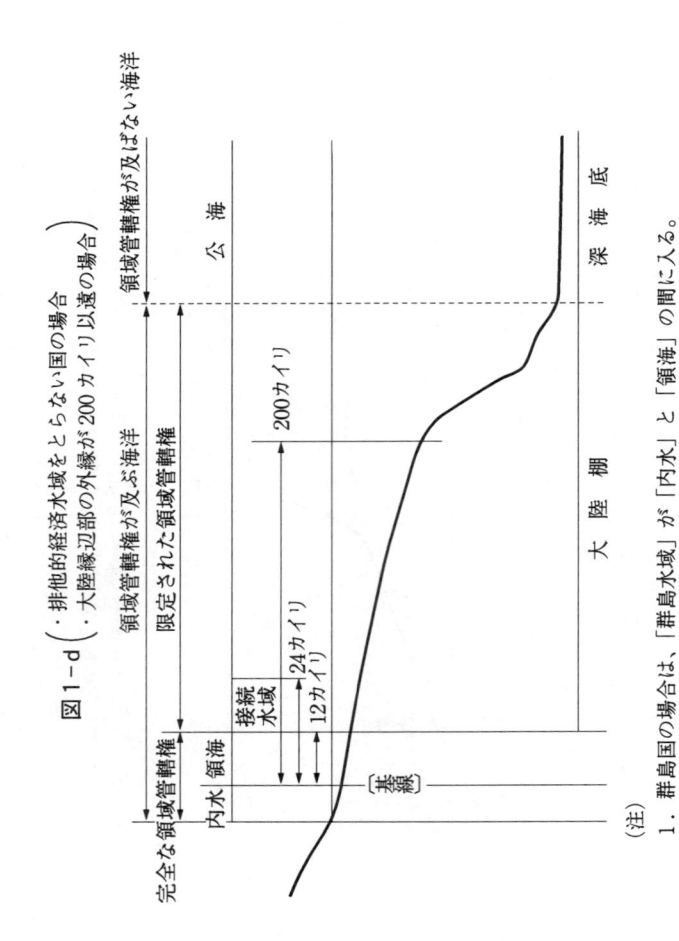

III 沿岸国の領域管轄権が及ぶ海洋

III-A 沿岸国の完全な領域管轄権が及ぶ海洋

III-A-1 内 水 (Internal waters, Eaux intérieures)

　内水その他、海洋の色々な区分について考察するに当たり、基本的にはそれぞれの区分と海洋法条約との関係、それぞれの区分の範囲、それぞれの区分の法的地位の三つの問題に分けて見ていきたいと思う。

III-A-1-1 内水と海洋法条約

　内水は領海の内側にある水域という意味でそのように呼ばれるが、海洋国際法上の内水は、次項に述べるように海としての内水である。

　1958年の海洋法条約の原案を作成した国際法委員会は、内水の制度について特に検討しなかった。また1958年の国連海洋法会議においても同様であった。内水の場合は、領海の場合に見られるような外国船舶の無害通航という特別の制度もなく、その地位は基本的には領土と同じである。そこで1958年の海洋法条約は、内水については特に独立の規定を設けず、領海に関する規定などとの関連で、間接的にしか触れなかった。第三次国連海洋法会議、国連海洋法条約においても同様であった。

Ⅲ-A-1-2　海洋国際法上の内水

「法的意味において、内水と呼ばれており国際法がそれに係わっている水域は、領海の出発線（基線）から陸地側にある海の水域である」(G. Gidel, op. cit., Ⅱ, p. 10)。

内水という言葉は、沿岸に引かれる領海の幅を計るための基礎となる線（基線）の陸地側にある淡水、塩水を問わずすべての水域を指すために用いられることがある（地理学的意味の内水）。その場合、内水には塩水である内海、湾、港などとともに淡水である河川、湖沼、運河も含まれる。

しかし海洋国際法上の内水は、ジデル（Gidel）のいうように、海の内水として、領海の基線内の水域で海洋国際法上の海洋（前述）の部分を構成しているものに限定すべきであろう。従って海洋国際法上の内水には淡水の水域である河川、湖沼、運河は含まれない。他方、塩水の水域であって、一般に（地理学的意味において）海と呼ばれていても、海洋国際法上の海洋の部分を構成しない水域（カスピ海、死海など）は、海洋国際法上の海ではなく、従って海洋国際法上の内水には含まれないと理解すべきであろう。

Ⅲ-A-1-3　内水の範囲

Ⅲ-A-1-3-1　基　線（baseline, ligne de base）

Ⅲ-A-1-3-1-1　領海の基線

内水の外側の限界は領海の基線である。同時にこの基線は領海の内側の限界でもある。基線は領海の基線として、国連海洋法条約で

Ⅲ 沿岸国の領域管轄権が及ぶ海洋

は第Ⅱ部「領海及び接続水域」に詳細に規定されている。

　基線とは、領海の幅を測定するための基礎となる線ということであるが、《領海の基線の陸地側の水域は沿岸国の内水》を構成するから（8条1項）、基線はまた内水の範囲を画定するための線でもある。そこで領海の基線の問題をここでとり上げることにする。

　基線はまた後で見るように、領海だけでなく接続水域、排他的経済水域及び大陸棚の範囲を決める場合の基準としても用いられる。その意味において一般の国家の場合の領海の基線は、後述の群島国の群島基線とともに、海洋国際法上、重要な線である。

Ⅲ-A-1-3-1-2　通常基線と直線基線

　基線には通常基線と直線基線の二種がある。

　《この条約に別段の定めがある場合を除くほか、領海の幅を測定するための<u>通常の基線</u>（normal baseline, ligne de base normale）は、沿岸国が公認する大縮尺海図に記載されている海岸の低潮線（low-water line, laisse de basse mer）とする》（5条）。

　《海岸線が著しく曲折しているか又は海岸に沿って至近距離に一連の島がある場所においては、領海の幅を測定するための基線を引くに当たって、適当な点を結ぶ<u>直線基線</u>（straight baseline, lignes de base droites）の方法を用いることができる》（7条1項）。

　基線は、その名称及び規定の仕方からも明らかなように、通常基線が原則であって、直線基線は例外的、補助的である。なお低潮線とは干潮線のことである。また低潮線が記載される海図のスケールが大縮尺のものとされているが、どの程度の縮尺をもって大縮尺とするかは必ずしも明らかではなく、必要に応じまた状況に応じて、5万分の1から20万分の1までの範囲といわれたことがある

(Nordquist, UNCLOS1982 Commentary Ⅱ, p.90)。(図2-a、b)

Ⅲ-A-1-3-1-3　直線基線の引き方

Ⅲ-A-1-3-1-3-1　方向及び陸地との関連

《直線基線は、海岸の全般的な方向から著しく離れて引いてはならず、また、その内側の水域は、内水としての規制を受けるために陸地と十分に密接な関連を有しなければならない》(7条3項)。

Ⅲ-A-1-3-1-3-2　低潮高地との関係

《直線基線は、低潮高地との間に引いてはならない。ただし、恒久的に海面上にある灯台その他これに類する施設が低潮高地の上に建設されている場合及び低潮高地との間に基線を引くことが一般的な国際的承認を受けている場合は、この限りでない》(同4項)。

低潮高地については次の規定がある。《低潮高地とは、自然に形成された陸地であって、低潮時には水に囲まれ水面上にあるが、高潮時には水中に没するものをいう》(13条1項)。

Ⅲ-A-1-3-1-3-3　経済的利益の考慮

《直線基線の方法が1の規定に基づいて適用される場合には、特定の基線を決定するに当たり、その地域に特有な経済的利益でその現実性及び重要性が長期間の慣行によって明白に証明されているものを考慮に入れることができる》(7条5項)。

Ⅲ-A-1-3-1-3-4　他国の領海との関係

《いずれの国も、他の国の領海を公海又は排他的経済水域から切

Ⅲ　沿岸国の領域管轄権が及ぶ海洋

り離すように直線基線の方法を適用することができない》(同6項)。

　排他的経済水域が付け加えられているが、この7条6項は1958年の領海条約4条5項に当たる。同4条5項について横田喜三郎『海の国際法　上』(114頁)は次のようにいう。

「ある国の海岸が入り込んだところに他の国の領土があるような場合には、直線基線を引くとこの直線基線の内側に他の国の領土に接する領海が存在するようになり、この領海が公海から切り離されるということが起こり得る。これを避けるために第5項が設けられた。この規定はポルトガルの提案に基づくものである」。

　領海条約4条5項及び国連海洋法条約7条6項の目的は、そのように規定することによって、公海や排他的経済水域など、航行の自由が認められる海域へのアクセスを保証することにある。「6項における排他的経済水域への追加的言及は、58条1項によって同水域にも航行の自由が行使されるので、正当化される」(Nordquist, op. cit., Ⅱ, p. 103)。(図2-c、d)

Ⅲ-A-1-3-1-4　基線内の海洋

　基線内の海は内水である(8条)。直線基線の場合は、低潮時、高潮(満潮)時にかかわらず基線内に内水が存在する。通常基線の場合にも、低潮時から高潮時にかけて基線内にできる水域は内水ということになる。

Ⅲ-A-1-3-2　湾

　次の条件を備えた湾は、湾口に直線基線(閉鎖線の語が用いられている(10条4項))を引くことができる。

　α)《海岸が単一の国に属する湾》(10条1項)。

β) 《明白な湾入》の湾（同2項）。

明白な湾入の湾とは、抽象的には、《奥行が湾口の幅との対比において十分に深い》湾であり、具体的には、《その面積が湾口を横切って引いた線を直径とする半円の面積以上》の湾である。

γ) 湾口の距離が24海里以下の湾（10条4項）。

次の条件を備えた湾は、湾内に24海里の直線基線を引くことができる。

α)《海岸が単一の国に属する湾》。

β)《明白な湾入》の湾。

γ) 湾口の距離が24海里を越える湾。

《24海里の直線基線を、この長さの線で囲むことができる最大の水域を囲むような方法で湾内に引く》（10条5項）ことができる。

湾口または湾内に引かれた直線基線内の水域は内水である（10条4項）。（図2-e）

Ⅲ-A-1-3-3　河　口

海に流入する河川の場合、河口を横切り直線基線を引くことができる（9条）。

Ⅲ-A-1-3-4　日本の直線基線

日本は、開国直後の明治3年（1870年）に普仏戦争での局外中立に関する太政官布告において、領海の幅を3海里とした。それ以来100年余、3海里を堅持してきたが、後述のように、昭和52年（1977年）（第三次国連海洋法会議進行中）、領海法を制定、領海の幅を12海里に変更した（1条）。同法2条で、《基線は、低潮線及び湾口若しくは湾内又は河口に引かれる直線とする。……》と規定さ

Ⅲ　沿岸国の領域管轄権が及ぶ海洋

れた。これにより基線は原則として低潮線、つまり通常基線が用いられ、湾及び河口については例外として1958年の領海及び接続水域に関する条約（日本は1968年に同条約に加入した）にも規定されていた「直線」（領海条約7条4項は湾口については「閉鎖線」、7条5項は湾内については「直線基線」、13条は河口については「直線」の語を用いている）が用いられた。1958年の領海条約には通常基線のほかに、4条に直線基線の規定もあったが、昭和52年の領海法では4条にいう直線基線は採用されていなかった。

　平成8年（1996年）、日本は国連海洋法条約批准の機会に、昭和52年の領海法を改正した。「領海及び接続水域に関する法律」と改称し、新たに接続水域を設定する（4条）とともに、基線に関する2条を次のように改正した。

　《1　基線は、低潮線、直線基線及び湾口若しくは湾内又は河口に引かれる直線とする。……
　2　前項の直線基線は、海洋法に関する国際連合条約第7条に定めるところに従い、政令で定める。……》

　その政令として平成8年に「領海及び接続水域に関する法律施行令」が定められた（形式的には昭和52年の「領海法施行令」の改正）。同施行令において、《法第2条第1項に規定する直線基線は、別表第1に掲げる線とする。》と規定され、別表第1に日本の海岸を15の区域に分けて、162本の直線基線が経緯度によって示された。岬から岬へ、岬から島へ、また島から島へかなり大胆な直線基線が引かれている。日本列島の多くの海岸が直線基線で縁取られることになり、多くの海岸に沿ってかなり広い内水が設けられることになった（海図1009号「日本及近海」によってその全体像を見ることができる）。

海洋国際法入門

図2　直線基線

図2-a（7条1項）

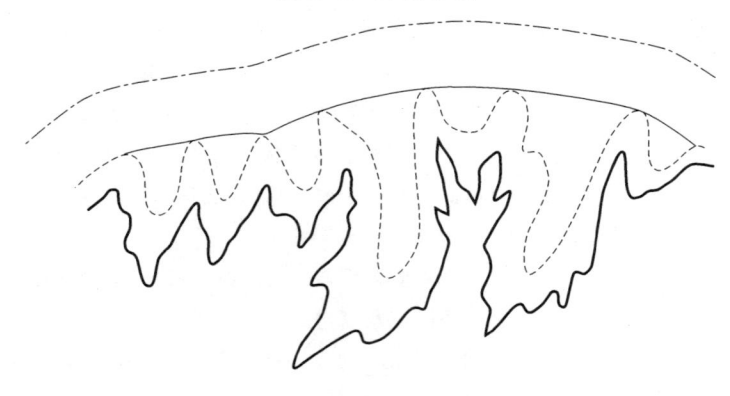

図2-b（7条1項）

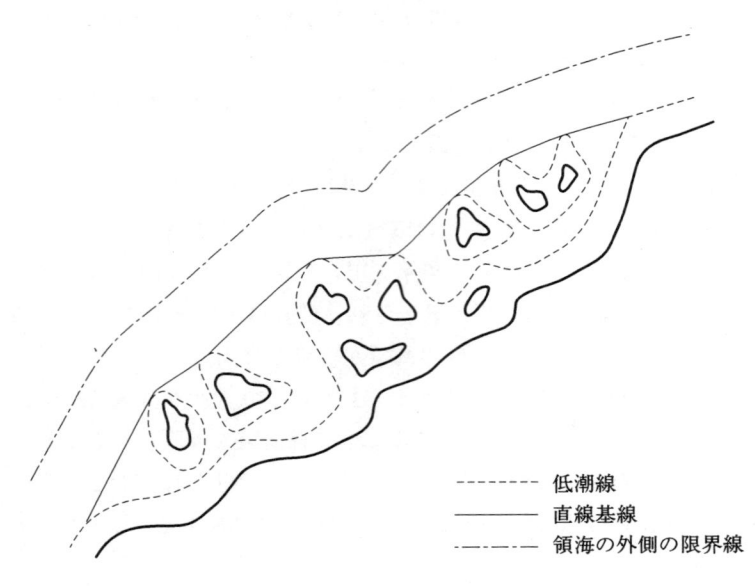

------- 低潮線
——— 直線基線
—・—・— 領海の外側の限界線

Ⅲ 沿岸国の領域管轄権が及ぶ海洋

図2-c （7条6項）

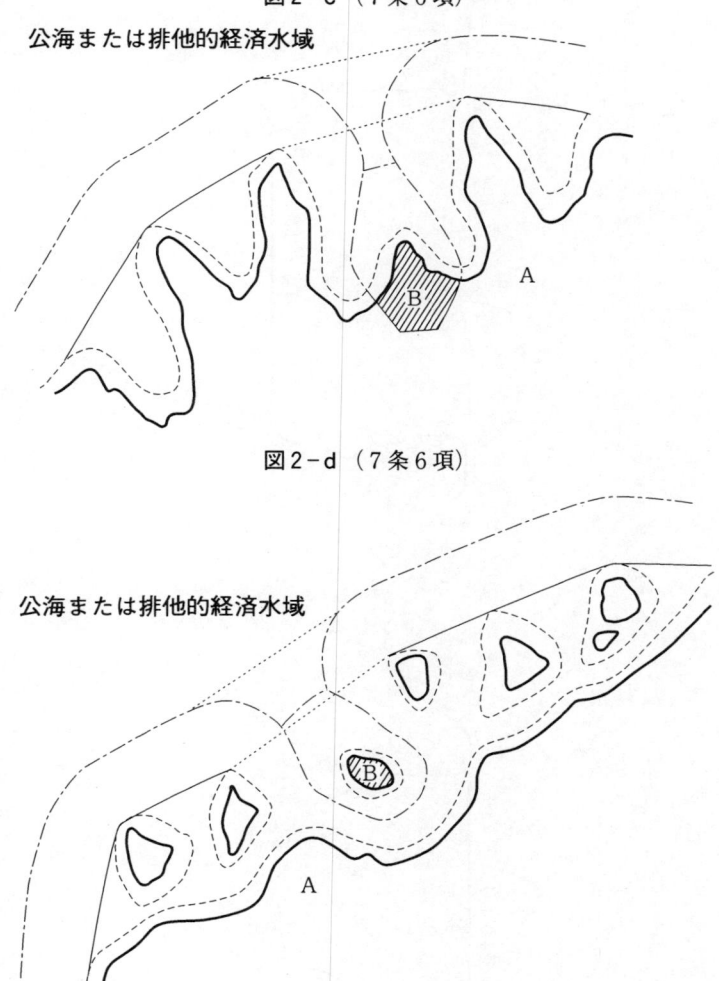

公海または排他的経済水域

図2-d （7条6項）

公海または排他的経済水域

35

海洋国際法入門

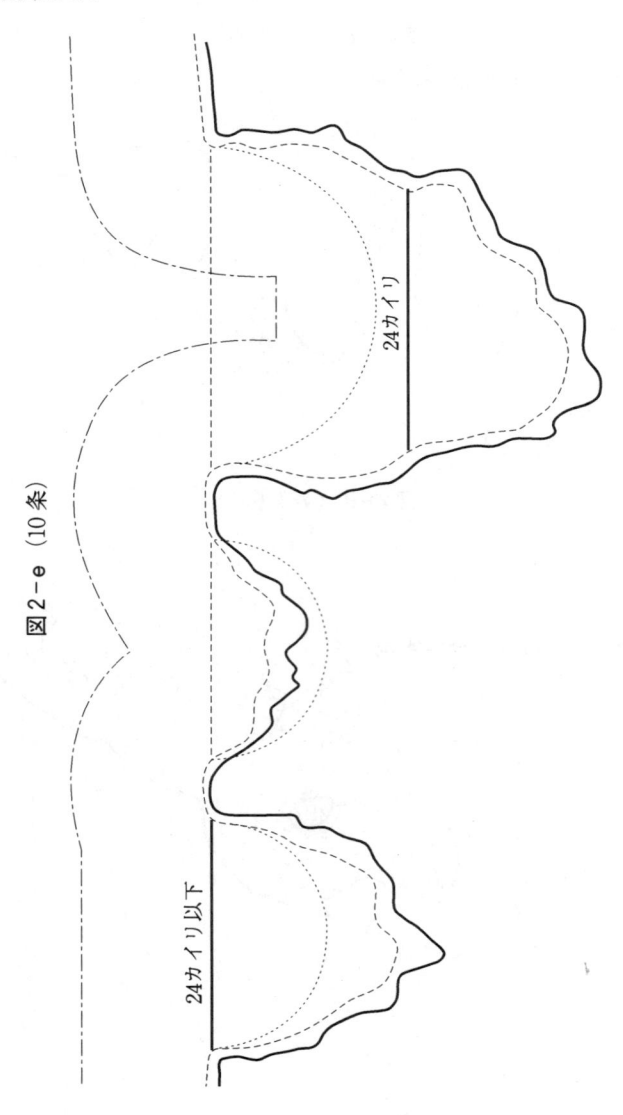

図2-e（10条）

24カイリ

24カイリ以下

Ⅲ　沿岸国の領域管轄権が及ぶ海洋

図2-f（日本の直線基線）

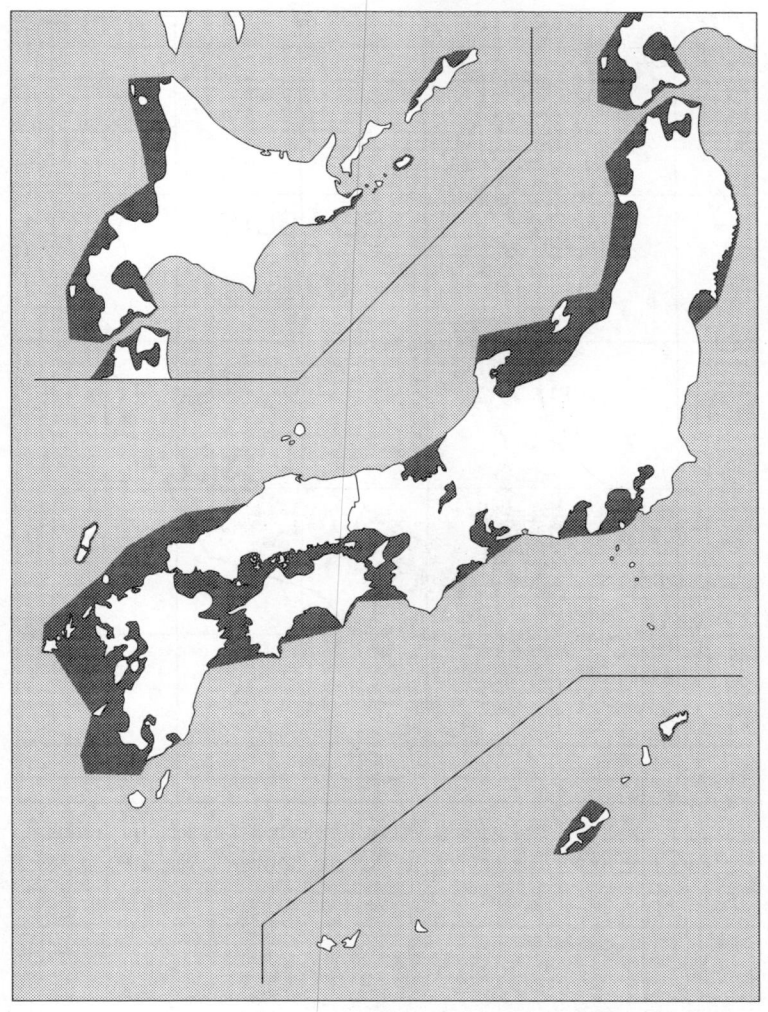

（海上保安庁海洋情報部）

海洋国際法入門

図2-g （韓国の直線基線）

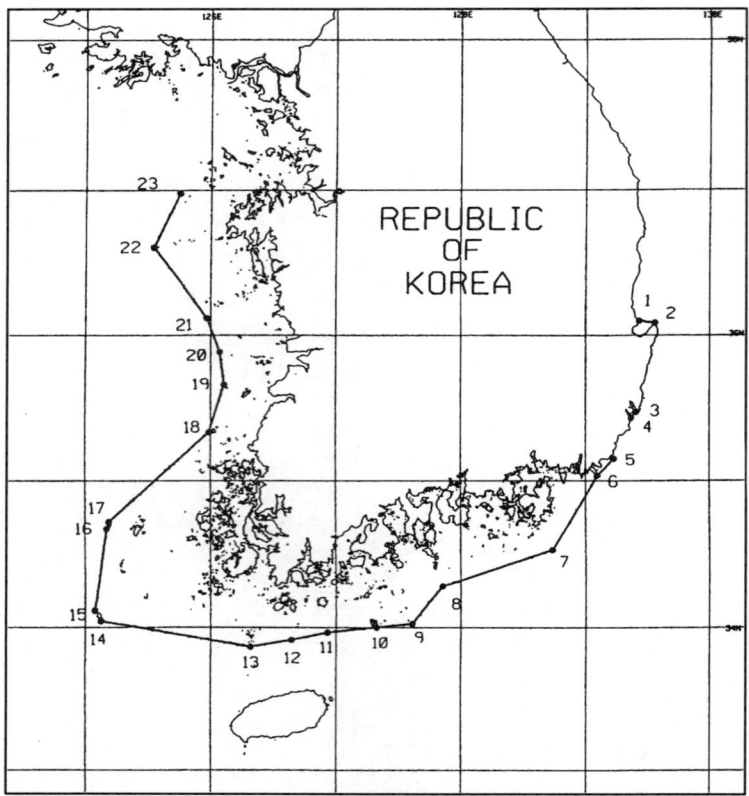

Korea Ocean Research & Development Institute
(Park Hee Kwon, The Law of the Sea and Northeast Asia, 2000, p. XV)

Ⅲ 沿岸国の領域管轄権が及ぶ海洋

図2-h （中国の直線基線）

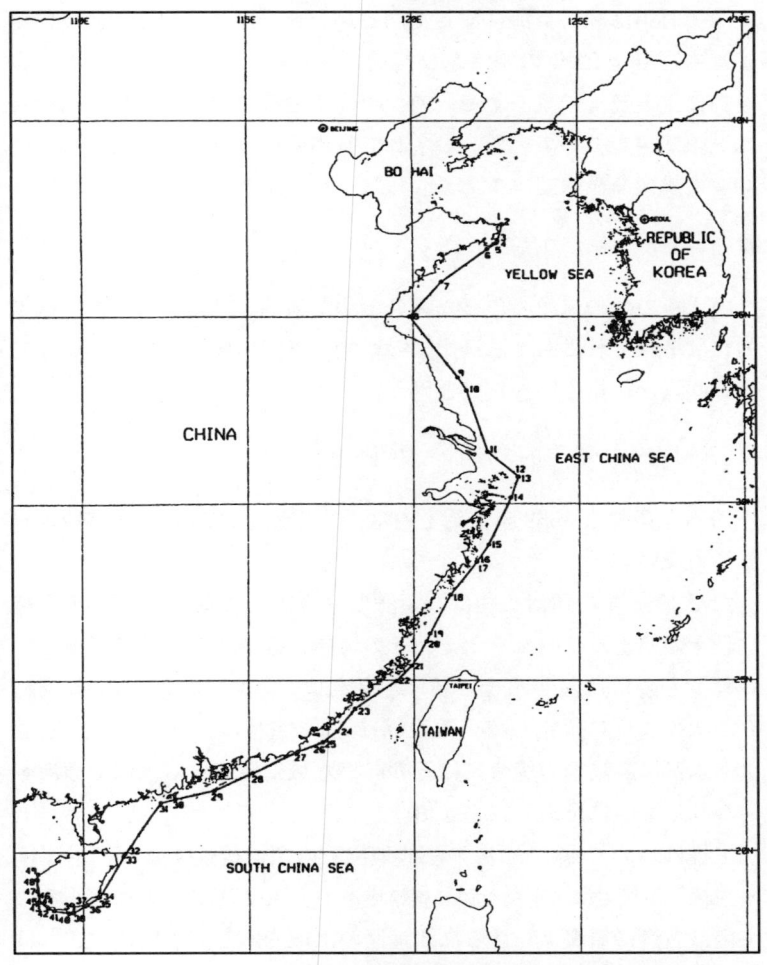

Korea Ocean Research & Development Institute
(Park Hee Kwon, op. cit., p. XVII)

39

なお韓国は既に1978年の大統領令（1991年及び1996年改正）によって対馬海峡、黄海に面して島と島を繋ぐ直線基線を引いていた。また中国も1992年の領海及び接続水域法によって山東半島から海南島に至る黄海、東シナ海、南シナ海の沿岸に主として島と島を結ぶ直線基線を引いていた。いずれも日本の直線基線にも増して大胆かつ大規模な直線基線である。（図2-f、g、h）

Ⅲ-A-1-4　内水の法的地位

内水その他の海洋の色々な区分の法的地位を見るに当たり、基本的にはそれぞれにおける沿岸国の権能と外国の使用の自由という二つの観点から見ていきたいと思う。

Ⅲ-A-1-4-1　沿岸国の権能―主権―

1958年条約も1982年条約も内水の法的地位については直接規定していない。

ただ1958年の領海条約は、領海の法的地位について、《国の主権は、その領土及び内水をこえ、その海岸に接続する水域で領海といわれるものに及ぶ》（1条1項）と規定していた。また1982年条約も、次のように規定している。《沿岸国の主権は、その領土若しくは内水又は群島国の場合にはその群島水域に接続する水域で領海といわれるものに及ぶ》（2条1項）。

主権については、「領海の法的地位」の項で後述するが、沿岸国の主権（領域主権＝完全な領域管轄権）が領海に及ぶとすれば、その主権は当然に領海よりさらに陸地側の水域である内水に及ぶことはいうまでもない。領海における沿岸国の主権の行使は、後述のように、外国船舶の無害通航を認める義務によって制限されるが、内水

Ⅲ 沿岸国の領域管轄権が及ぶ海洋

において沿岸国はそのような義務を負わない。沿岸国は、内水において領土におけると同じ権能を行使する。領海と内水の法的地位の基本的な相違点は、無害通航制度の適用の有無に求められる。無害通航の制度についても領海のところで考察する。

Ⅲ-A-1-4-2　外国の使用の自由

　一般国際法（国際社会一般に、従って国際社会のすべての国に適用される国際法で、慣習法の形で存在している国際法）上、内水においては、領海の場合と異なり、外国船舶の無害通航権は認められないが、事実上または条約（原則として二国間条約）上、外国船舶の内水への入域は認められる。実際、内水、とりわけ港（海港）への出入の自由がなければ、公海や排他的経済水域における航行の自由の制度も、領海における無害通航の制度も、ほとんどその存在意義を失ってしまうであろう。

　事実上、商船など私船は、原則として、自由に外国の港に入ることができる。推定は開港に有利に働く（つまり特に禁止されなければ―ということは禁止し得るということだが―、外国港は開かれていると推定される）。ただし国家は一時的にまたは永久的に港を閉鎖することができる。

　特定の条約上の義務として、国家は他の条約当事国の船舶に自国の港を開放することがある。海港に関して 1923 年の「海港の国際制度に関する条約及び規程」が存在する。

《……各締約国は、その主権又は権力の下にある海港において、該海港への出入の自由及び該海港の使用に関し……他の締約国の船舶に対し、自国船舶又は他のいずれかの国の船舶に許与すると均等なる待遇を許与すべきことを約す》（規程 2 条）。

41

もっとも同3条は、この2条の規定が《権限ある港の官憲が、港務の適当なる処理のために便宜なりと認むる措置をとる自由を何ら制限するものに非ず》と規定している。

また諸国は相互に二国間の通商航海条約を結んで、それぞれの港への相手国の船舶の入港の自由を認めている。例えば日米通商航海条約は次のように規定する。

《いずれの一方の締約国の船舶も、他方の締約国の船舶及び第三国の船舶と均等の条件で、外国との間における通商及び航海のため開放された他方のすべての港、場所及び水域に積荷と共に入る自由を有する。その船舶及び積荷は、当該他方の締約国の港、場所及び水域において、すべての事項に関して内国民待遇及び最恵国待遇を与えられる》(19条3項)。

Ⅲ-A-1-4-3　領海の法的地位との比較

内水の法的地位は、沿岸国の主権が及ぶという点において領海と共通するが、外国船舶の無害通航の制度が適用されないという点において、領海と区別される。この点を考慮して、内水を領土とともに沿岸国の[いわば完全な]主権下の空間とし、領海を、国際海峡、群島水域（いずれも無害通航ないしそれに類する外国船舶の通航制度が認められる）とともに、調整された主権下の空間とする捉え方もある（J. P. Pancracio, Droit international des espaces, 1997, p. 3, p. 75)。

沿岸国は条約上の義務として他の条約当事国の船舶に内水を開放している以外は、事実上、内水を外国私船に開放しているにすぎない。沿岸国は領海を閉鎖することはできないが、内水を閉鎖することはできる。

なお内水の無害通航に関して次のような規定がある。

Ⅲ 沿岸国の領域管轄権が及ぶ海洋

《前条に規定する方法に従って定めた直線基線がそれ以前には内水とされていなかった水域を内水として取り込むこととなる場合には、この条約に定める無害通航権は、これらの水域において存続する》（8条2項）。

日本の場合、1996年の領海法改正によって新しく引かれることになった直線基線内の水域で、それ以前に内水とされていなかった部分については、領海同様の無害通航の制度が認められなければならない。

Ⅲ-A-2 領 海（Territorial sea, Mer territoriale）

Ⅲ-A-2-1 領海と海洋法条約

領海については1958年の「領海及び接続水域に関する条約」がある（全32ヵ条、第3部最終条項を除くと24ヵ条、そのうち接続水域に関する規定1ヵ条）。

1982年の国連海洋法条約では第Ⅱ部に「領海及び接続水域」が規定される（全32ヵ条、そのうち接続水域に関する規定1ヵ条）。この条約によって領海の幅についての規定が新しく設けられることになった。

Ⅲ-A-2-2 領海の範囲

Ⅲ-A-2-2-1 限 界

Ⅲ-A-2-2-1-1 内側の限界

《いずれの国も、この条約の定めるところにより決定される基線

から測定して12海里を超えない範囲でその領海の幅を定める権利を有する》(3条)。

従って内側の限界は、一般の国家の場合は領海の基線である。群島国の場合は、一般の国家には存在しない群島水域があるので、領海の内側の限界は、群島基線（後述）である。

Ⅲ-A-2-2-1-2　外側の限界

《領海の外側の限界は、いずれの点をとっても基線上の最も近い点からの距離が領海の幅に等しい線とする》(4条)。

おおまかにいえば、領海の外側の限界は、基線から領海の幅を隔てて引かれる基線に平行な線ということになるだろう。

Ⅲ-A-2-2-2　幅

領海の幅については、長い間諸国の主張に一致が見られず、諸国間及び学説上の争いの対象であった。伝統的な国際法の規則として3海里（5,556メートル）が主張されたことがあった。しかし3海里規則と呼ばれたこの主張も国際社会一般の承認を得たものではなかった。

1930年の国際法法典化会議においても、領海の幅について諸国の一致が得られず、そのために会議は「領海の法的制度」に関する条約の採択に至らなかった。

領海の幅についての諸国の主張は、特に第二次大戦後拡大の傾向を示し、200海里を主張する国も出てきた（ラテン・アメリカ諸国）。このような状況を背景にして、1958年及び1960年の第一次及び第二次国連海洋法会議は、領海の幅について統一的な規則を作成することができなかった。そのため1958年の領海条約は領海の幅につ

いての規則を欠いていた。1960年代から1970年代にかけて、諸国の領海の幅が次第に12海里に収束する傾向がみられた。このような諸国の実行を背景として、領海の幅を最大限12海里とする慣習的規則が次第に形成されていったと見ることができるだろう。

最後まで3海里を維持してきた日本も、前述のように1977年、ついに12海里の採用に踏み切った。《我が国の領海は、基線からその外側12海里の線までの海域とする》(「領海法」(1977年7月1日施行、1996年改正) 1条)。

第三次国連海洋法会議で採択された国連海洋法条約は、このような国際社会の傾向を反映して、領海の幅を最大限12海里と規定した(前掲3条)。1982年の国連海洋法条約は、領海の幅について規定した最初の海洋法条約である。

海岸を有するおよそ150ヵ国のうち、領海12海里を採用している国は2000年現在でおよそ130ヵ国に達している。12海里以外では、12海里以下(3海里、4海里、6海里、10海里)をとる国が5ヵ国、12海里以上をとる国は35海里1ヵ国、200海里9ヵ国が存在する。

III-A-2-2-3　境界画定

二つの国の海岸が向かい合っているか、または隣接している場合における海域の境界画定に関しては、領海のほかに排他的経済水域及び大陸棚に関して規定がある。後二者については後述のように、衡平な解決を達成するために国際法に基づいて合意により行う、というように同文をもって規定された(74条、83条)。領海の境界画定に関しても、第三次国連海洋法会議の審議の過程において、あらゆる事情を考慮して衡平の原則に従って合意で決定するという考え

方が主張されたが、採択された条文は1958年の領海条約の境界画定の規定（12条1項）とほぼ同文となった。

《二の国の海岸が向かい合っているか又は隣接しているときは、いずれの国も、両国間に別段の合意がない限り、いずれの点をとっても両国の領海の幅を測定するための基線上の最も近い点から等しい距離にある中間線を越えてその領海を拡張することができない。ただし、この規定は、これと異なる方法で両国の領海の境界を定めることが歴史的権原その他特別の事情により必要であるときは、適用しない》（15条）。

要するに、両国間の領海の境界画定の一般原則としては等距睡（中間線）原則が問題となるが、《別段の合意》もあり得るし、また歴史的権原（権利主張の歴史的根拠）その他特別の事情により他の方法が用いられることもあり得る。ここで領海の境界画定の一般原則として特に等距離原則があげられている点が指摘される。

Ⅲ-A-2-2-4　直線基線、限界線、境界画定線の表示

直線基線、それから測られる領海の外側の限界線及び境界画定線は、それらの位置の確認に適した縮尺の海図に表示する（測地原子（測地上の位置標定基準）を明示した各地点の地理経緯度の表をもってこれに代えることもできる）（16条1項）。

沿岸国はこの海図（または地理経緯度の表）を適当に公表する。またこの海図（または表）の写しを国連事務総長に寄託する（同2項）。

Ⅲ　沿岸国の領域管轄権が及ぶ海洋

Ⅲ-A-2-3　領海の法的地位

Ⅲ-A-2-3-1　沿岸国の権能―主権―

Ⅲ-A-2-3-1-1　領海と主権

《沿岸国の主権は、その領土若しくは内水又は群島国の場合にはその群島水域に接続する水域で領海といわれるものに及ぶ》(2条1項)。

《沿岸国の主権は、領海の上空並びに領海の海底及びその下に及ぶ》(同2項)。

《領海に対する主権は、この条約及び国際法の他の規則に従って行使される》(同3項)。

沿岸国の主権が、領海の上空並びにその海底及及び地下を含む領海空間に及ぶこと、そしてその主権は国連海洋法条約の規定及び慣習法を含む国際法のその他の規則によって定められる条件に従って行使されることが規定されている。

1958年の領海条約1条及び2条も実質的には同じ内容の規定であった。1930年の「領海の法的制度」に関する条約案1条は、《国家の領域 (territoire, territory) は本条約中に領海の名で呼ばれる海域を包含する。この海域上の主権は、本条約により及び国際法のその他の規則により定められる条件に従って行使される》と規定し、領海は国家の領域の一部として、そこにおいては主権が行使される旨が規定されていた。

なお国連海洋法条約2条1項で、「領土若しくは内水」と訳されているところは、英語正文では land territory and internal waters

である。1958年領海条約1条1項では、実質的に同一の英語正文がそのまま「領土及び内水」と訳された。あえて「若しくは」と訳したのは、直線基線の場合は領海は常に内水に接続するが、通常基線の場合、高潮時には領海は内水に接続するが、低潮時には領海が直接領土に接続することもあり、その点を考慮して、領海を「領土若しくは内水……に接続する水域」としたのだろうか。そのように訳す方が正文のいおうとする意味をよりよく表現できるとの判断によるものかもしれない。

Ⅲ-A-2-3-1-2　主権、領土主権、領域主権

領海に主権が及ぶということは、領海において沿岸国によって行使される権能が、領土においてその国によって行使される権能と基本的に同じであるということである。

国家によってその領土 (territory) において行使される権能は、領土主権 (territorial sovereignty) と呼ばれる。領土において国家によって行使される権能は、国際法が国家に認める最も広い、最も重要な権能である。国際法が国家に認める「全容量の権能」である (Pancracio, op. cit., p. 75)。そしてその領土において、その国家だけが排他的、独占的に行使し得る権能である。国家によってその領土において行使される権能は、この権能の持つそのような特徴をも示唆する言葉として、領土主権と呼ばれる。

この領土主権が領土（及び内水）だけでなく、領海にも及ぶ。領土主権の及ぶ領土、内水と領土主権と基本的に同じ権能が及ぶ領海を含む空間を、日本語の表現として「領域」と呼び、そこにおいて国家によって行使される権能を「領域主権」と呼ぶ。territory は、地理的意味では領土と呼ばれ、territorial sovereignty が及ぶ空間と

III 沿岸国の領域管轄権が及ぶ海洋

いう法的意味では領域と言い換えられる。そこで territorial sovereignty は一般に領域主権と呼ばれる。

領土に関して国家が有する権能としての主権について、「物としての領土」の対する権能と「空間としての領土」における権能が問題とされた。前者は領土を処分する権能としてドミニウム（dominium）と呼ばれ、後者は領土内の全ての人を支配する権能としてインペリウム（imperium）と呼ばれた。前者のみを主権とする用例があり、主権として後者のみをとり上げる説もある。また主権は両者を含むという考え方も有力である。

主権が領海に及ぶという場合、領海に及ぶ沿岸国の権能をドミニウムをも含む主権といえるかどうかということが問題となり得るが、このテキストでは国連海洋法条約1条1項(1)の「管轄権」から出発して、空間としての排他的経済水域や大陸棚を問題としてきた。そこでここでは海、空、海底を含む空間としての領海を問題とする。少なくともインペリウムとしての領域主権が領海空間に及んでいるということについては異論がない。

沿岸国は領海空間において領域主権を行使することを認められる。ということは、沿岸国はインペリウムとしての領土主権が包含する全ての権能を、領海空間において行使することが認められるということである。

III-A-2-3-1-3　領域主権の一般的性格

領域主権はそのように包括的な権能なので、その具体的内容を一つ一つ列挙することは適当ではなく、むしろその一般的性格を指摘する方が、領域主権の理解にとってより適当だろう。領域主権の一般的性格として、上に見たように国際法が国家に認める国家的機能

49

の遂行に必要な全容量の権能として、まずその<u>内容の完全性</u>が挙げられる。内容の完全性として次の三点が指摘される。

第一に、国家がその機能を遂行するに当たって、性質を異にする立法行為と執行行為の二種の行為が問題となるが、領域主権はこの二種の行為を行う権能、すなわち立法的権能及び執行的権能を含む。これを立法的及び執行的権能を含む権能の範囲の全体性と呼ぶことにする。

第二に、そのような全体性を有する権能を、原則として国家がその機能を遂行するに必要なすべての事項を対象にして行使することができる。これを権能の対象となる事項的範囲の普遍性と呼ぶことにする。

第三に、そのような原則としてすべての事項を対象とする全体性を有する権能を、原則として国家がその機能の遂行に当たって必要な領域内のすべての人を対象として（国籍の区別なく）行使することができる。これを権能の対象となる人的範囲の一般性と呼ぶことにする。

かくして領域主権の一般的性格として、まずその内容の完全性に関して、α）立法的権能と執行的権能を含む権能の範囲の全体性、β）そのような全体性を有する権能の対象となる事項的範囲の普遍性、γ）そのような全体性を有する権能の対象となる人的範囲の一般性、を挙げることができる。

前に国内法を制定し、その執行を確保する国家の権能を指す言葉として「管轄権」の語を用いた。国内法を制定し、その執行を確保する権能は、立法的権能及び執行的権能ないし立法的管轄権及び執行的管轄権と言い換えることができる。そこでこの管轄権の語を用いて上の内容の完全性を有する領域主権を説明するとすれば、それ

Ⅲ　沿岸国の領域管轄権が及ぶ海洋

は対象となる事項的範囲の普遍性と人的範囲の一般性を有する管轄権ということになるだろう。そして今この管轄権は国家の管轄権として、空間的に限定された一定の領域において行使される権能が問題であるから、それは空間的管轄権ないし領域管轄権のタイプに属する管轄権であり、従って領域主権は、<u>対象となる事項的範囲の普遍性と人的範囲の一般性を有する領域管轄権</u>であるということができる。そのような領域主権を、このテキストでは簡単に完全な領域管轄権と呼ぶことにする。

　領域主権の一般的性格として、次に上のような内容の完全性を有する権能を、領域という一定の空間内において、他国を排除してその国のみが独占的、排他的に行使し得るという意味において、その<u>行使の排他性</u>を挙げることができる。

　かくして領域主権の一般的性格として、その内容の完全性とその行使の排他性の二つを挙げることができる。そのような領域主権が領土や内水の空間におけると同様に領海空間に及ぶ。

Ⅲ-A-2-3-1-4　領域主権行使の制限

　領土主権と基本的に同じ権能が領海に行使されるとしても、陸と性質を異にする海における権能の行使として、権能行使の態様は自ずから領土におけるそれとは異なる。領土における主権の行使も国際法の規則によって制限されるが、領海における主権の行使は，何よりも慣習国際法の定める外国船舶の無害通航の規則によって、より強く制限される。領海における無害通航の制度は国連海洋法条約に詳細に法典化されている。領海において沿岸国の主権（領域主権）は、まず無害通航に関する国連海洋法条約の規定に従って行使されなければならない。また国連海洋法条約に定める領海における

51

領域主権の行使の制限は網羅的ではなく、その他に例えば沿岸国が締結している条約など国際法の他の規則に従って行使されなければならない。

Ⅲ-A-2-3-2　外国の使用の自由—無害通航の制度—

《領海に対する主権は、この条約及び国際法の他の規則に従って行使される》（2条3項）。国連海洋法条約はⅡ部3節に外国船舶の無害通航（innocent passage, passage inoffensif）に関する規則を定めている。領海における沿岸国の主権は、何よりもまずこの無害通航の規則を考慮して行使されなければならない。換言すれば領海における沿岸国の主権の行使は、無害通航の制度が定める外国船舶の無害通航を認める義務によって制限される。

無害通航の制度は慣習国際法上確立された制度である。今日、この制度は、1958年の領海条約に規定され（14～23条）、また1982年の国連海洋法条約によってより詳細に規定されている（17～32条）。

Ⅲ-A-2-3-2-1　外国船舶の権利義務

Ⅲ-A-2-3-2-1-1　外国船舶の権利—無害通航権（right of innocent passage, droit de passage inoffensif）—

《すべての国の船舶は、沿岸国であるか内陸国であるかを問わず、この条約に従うことを条件として、領海において無害通航権を有する》（17条）。

沿岸国という言葉が使われているが、内陸国が海岸を有していない国であるのに対し、沿岸国は海岸を有している国の意味である。海岸を持っている国はいうに及ばず、海岸を持っていない国でも船

舶を持ち、その船舶を航行させることができ、他国の領海を無害通航させることができる。なお船舶の権利として無害通航権が規定されているが、国際法上厳密にいえば、自国の船舶に外国の領海を無害通航させる国家の権利である。

領海侵犯という言葉がよく用いられるが、領海には外国船舶（軍艦を含む）の無害通航の制度が認められているから、無害通航である限り、外国船舶の領海への入域は国際法上違法な行為ではなく、いわゆる領海侵犯を構成するわけではない。ただし無害通航は船舶に限られるから、沿岸国の許可を得ない外国航空機の領海上空への入域は、国際法上違法な行為であり、領空侵犯となる。

Ⅲ-A-2-3-2-1-1-1　無害通航の意味

Ⅲ-A-2-3-2-1-1-1-1　「通航」の意味

通航の方向　《通航とは、次のことのために領海を航行することをいう。

(a) 内水に入ることなく又は内水の外にある停泊地若しくは港湾施設に立ち寄ることなく領海を通航すること。

(b) 内水に向かって若しくは内水から航行すること又は(a)の停泊地若しくは港湾施設に立ち寄ること》(18条1項)。

(a)の場合を沿岸国に平行的な通航と呼び、(b)の場合を垂直的な通航と呼ぶことにする。無害通航にいう通航とは、この二種の通航を含む。沿岸国の保護権（25条）、刑事、民事裁判権（27、28条）の行使との関係で、この通航の方向が問題となる（後述）。

通航の形態　一般規則として、《通航は継続的かつ迅速に行われなければならない》。条約所定の特別の場合以

外は停船、投錨を含まない（18条2項）。

潜水船の場合の場合は、上の一般規則のほか、海面上の航行、旗の掲揚が要求される（20条）。

Ⅲ-A-2-3-2-1-1-1-2 「無害」の意味

沿岸国の平和、秩序又は安全を害する活動をしない限り、無害な通航とみなされる（19条1項）。沿岸国の平和、秩序、安全を害する活動は、19条2項に具体的に列挙されている。外国船舶がそのような活動に従事する場合には、沿岸国の平和、秩序、安全を害するものとされ、無害通航とはみなされない。有害な活動として具体的に11項目が挙げられているが（19条2項(a)〜(k)）、それらをやや整理すればそれは次のような行為ないし活動である。要するに《通航に直接の関係を有しない活動》（19条2項(1)）である。

① 武力または兵器の使用（19条2項(a)(b)）
② 情報収集行為、宣伝行為（同(c)(d)）
③ 航空機、軍事機器の発着、積込み（同(e)(f)）
④ 物品、通貨、人の積込み、積卸し（同(g)）
⑤ 故意かつ重大な汚染行為（同(h)）
⑥ 漁業活動（同(i)）
⑦ 調査活動、測量活動（同(j)）
⑧ 通信系などを妨害する行為（同(k)）

Ⅲ-A-2-3-2-1-1-2 無害通航を認められるもの

まず内陸国の船舶を含む《すべての国の船舶》（17条）である。次に軍艦、商船の区別なくすべての種類の船舶である。Ⅱ部3節「領海における無害通航」は、A「すべての船舶に適用される規則」、

Ⅲ　沿岸国の領域管轄権が及ぶ海洋

B「商船及び商業的目的のために運航する政府船舶に適用される規則」、C「軍艦及び非商業的目的のために運航する他の政府船舶に適用される規則」から構成されるが、無害通航権に関する一般的規定はAの冒頭に置かれている。従って、3節の構成上無害通航権は軍艦にも認められると解される。ただこの点については問題がある（後述）。

Ⅲ-A-2-3-2-1-2　外国船舶の義務

Ⅲ-A-2-3-2-1-2-1　一般の外国船舶の義務

《領海において無害通航権を行使する外国船舶は、1に規定するすべての法令及び海上における衝突の予防に関する一般的に受け入れられているすべての国際的な規則を遵守する》(21条4項)。領海を無害通航する外国船舶は、21条1項に規定する無害通航に関する沿岸国の法令（後述）及び海上における衝突の予防に関する国際的な規則を遵守しなければならない。そのような国際的な規則として、例えば国際海事機構（IMO）の枠内で採択された1972年の「海上における衝突の予防のための国際規則に関する条約」が挙げられる。

Ⅲ-A-2-3-2-1-2-2　特別の外国船舶の義務

《外国の原子力船及び核物質又はその他の本質的に危険若しくは有害な物質を運搬する船舶は、領海において無害通航権を行使する場合には、そのような船舶について国際協定が定める文書を携行し、かつ、当該国際協定が定める特別の予防措置をとる》(23条)。

原子力船等の船舶も領海において無害通航権を有することを前提

55

にした規定である。ここにいう国際協定として1962年の「原子力船の運航者の責任に関する条約」があげられる。同条約3条は保険証の携行などを義務づけている。また1973年の「船舶による汚染防止のための国際条約」(MARPOL) もこれに該当するだろう。同条約によれば国際油汚染防止証書の携行が要求される。また1974年の「海上における人命の安全のための国際条約」(SOLAS) 及びその付属書も挙げられる。ただし原子力船等の領海の無害通航に当たって、23条が要求する以外のこと、例えば事前に通告するとか許可を求めるとかは不要と解される（小田滋『注解国連海洋法条約』上巻 p. 121）。

Ⅲ-A-2-3-2-2　沿岸国の権利義務

Ⅲ-A-2-3-2-2-1　沿岸国の権利

　上に見たように、領海においては沿岸国の主権が及ぶ。換言すれば、領海において沿岸国は対象となる事項的範囲の普遍性と人的範囲の一般性を有する管轄権を行使することができる。もっともここで沿岸国の権利として問題とするのは、沿岸国が領海において有する権能一般ではなく、領海における外国船舶の無害通航の制度に係わる沿岸国の権利である。

Ⅲ-A-2-3-2-2-1-1　無害通航に関する法令制定権

《沿岸国は、この条約及び国際法の他の規則に従い、次の事項の全部又は一部について領海における無害通航に係る法令を制定することができる。

(a)　航行の安全及び海上交通の規制

Ⅲ 沿岸国の領域管轄権が及ぶ海洋

(b) 航行援助施設及び他の施設の保護
(c) 電線及びパイプラインの保護
(d) 海洋生物資源の保存
(e) 沿岸国の漁業に関する法令の違反の防止
(f) 沿岸国の環境の保全並びにその汚染の防止、軽減及び規制
(g) 海洋の科学的調査及び水路測量
(h) 沿岸国の通関上、財政上、出入国管理上又は衛生上の法令の違反の防止》(21条1項)。

沿岸国は，領海における外国船舶の無害通航を妨害しない義務を負うが（24条1項)、国連海洋法条約の規則及びこの条約以外に他の国際法の規則があればその規則に従って、外国船舶の無害通航という事項に関しても立法的権能（立法的管轄権）を行使することができる。21条1項は無害通航という事項に関連する細かい8つの事項を挙げて、その全部又は一部について、沿岸国が法令を制定することを認めている。

Ⅲ-A-2-3-2-2-1-2　航路帯、分離通航帯を設定する権利

《沿岸国は、航行の安全を考慮して必要な場合には、自国の領海において無害通航権を行使する外国船舶に対し、船舶の通航を規制するために自国が指定する航路帯及び設定する分離通航帯を使用するよう要求することができる》(22条1項)。

《沿岸国は、特に、タンカー、原子力船及び核物質又はその他の本質的に危険若しくは有害な物質若しくは原料を運搬する船舶に対し、1の航路帯のみを航行するよう要求することができる》(同2項)。

21条のほかに22条はさらに無害通航する外国船舶に対して、例

57

えば船舶の通航を規制する法令を制定して、航路帯及び分離通航帯を指定し、それを使用するよう要求することができる旨を規定している。

Ⅲ-A-2-3-2-2-1-3　保護権（無害通航の一時停止の権利を含む）

25条のタイトルに沿岸国の保護権（rights of protection, droits de protection）という言葉が使われているが、それは自国の利益や安全を保護する権利という意味で用いられているようである。

沿岸国は、自国の領海における外国船舶の無害でない通航を防止するために、従って有害な通航によってもたらされる被害から自国を保護するために、領海内において必要な措置をとることができる（25条1項）。必要な措置として、臨検、有害な行為の中止の要求、従わない場合には領海外への退去要求、国内法令の違反の場合には検挙などを挙げることができるだろう。沿岸国は領海において執行的権能（執行的管轄権）を行使することが認められる。

沿岸国は、領海における垂直的な通航に際して従うべき条件への違反を防止するため、必要な措置をとることができる（同2項）。垂直的通航の場合は、内水に入るかまたは内水外にあるけれども沿岸国の港湾施設に入るわけだから、平行的な通航に比べてより強く沿岸国の利益や安全に係わる。そこで沿岸国の利益や安全の保護のため、外国船が内水に入る場合または港湾施設に立ち寄る場合に従うべき条件について法令で定め（立法的管轄権の行使）、その条件への違反の防止のため、沿岸国は必要な措置をとること（執行的管轄権の行使）が認められる。

さらに沿岸国は、必要な場合には外国船舶の無害通航を一時的に停止することができる。

Ⅲ 沿岸国の領域管轄権が及ぶ海洋

《沿岸国は、自国の安全の保護(武器を用いての演習を含む。)のため不可欠である場合には、その領海内の特定の区域において、外国船舶の間に法律上又は事実上の差別を設けることなく、外国船舶の無害通航を一時的に停止することができる。このような停止は、適当な方法で公表された後においてのみ、効力を有する》(同3項)。

領海における外国船舶の無害通航の停止は、α)自国の安全にとって不可欠の場合でなければならない、β)一時的でなければならない、γ)領海内の特定の区域に限られなければならない、δ)外国船舶間に法律上または事実上の差別を設けてはならない。後で見るように、領海であっても一定の地理的条件を備えた国際海峡の場合は、そこに適用される無害通航(「強化された」無害通航)または通過通航の制度には、通航の停止は含まれない。

Ⅲ-A-2-3-2-2-2 沿岸国の義務

ここで沿岸国の義務として問題にするのは、沿岸国の権利の場合と同様、領海における沿岸国の義務一般ではなく、領海における外国船舶の無害通航の制度に係わる沿岸国の義務である。

Ⅲ-A-2-3-2-2-2-1 無害通航を妨害しない義務

《沿岸国は、この条約に定めるところによる場合を除くほか、領海における外国船舶の無害通航を妨害してはならない。沿岸国は、特に、この条約又はこの条約に従って制定される法令の適用に当たり、次のことを行ってはならない。

(a) 外国船舶に対し無害通航権を否定し又は害する実際上の効果を有する要求を課すること。
(b) 特定の国の船舶に対し又は特定の国へ、特定の国から若しく

は特定の国のために貨物を運搬する船舶に対して法律上又は事実上の差別を行うこと》(24条1項)。

外国船舶の無害通航を妨害しない沿岸国の義務は、外国船舶の無害通航権とともに、領海の無害通航制度の核心である。

Ⅲ-A-2-3-2-2-2-2　航行上の危険を公表する義務

《沿岸国は、自国の領海内における航行上の危険で自国が知っているものを適当に公表する》(同2項)。

Ⅲ-A-2-3-2-2-2-3　課徴金を課さない義務

《外国船舶に対しては、領海の通航のみを理由とするいかなる課徴金も課することができない》(26条1項)。

Ⅲ-A-2-3-2-3　無害通航中の外国船舶に対する沿岸国の裁判権

27条及び28条に、領海を通航中の外国船舶に関する沿岸国による刑事及び民事裁判権の行使の制限についての規定がある。しかし両条は、3節のB「商船及び商業目的のために運航する政府船舶に適用する規則」の中に置かれている。従ってこれらの規定は「商船及び商業的目的のために運航する政府船舶」にのみ係わる。「軍艦及び非商業的目的のために運航するその他の政府船舶」は沿岸国の裁判権からの免除を享有する(32条)。

Ⅲ-A-2-3-2-3-1　外国船舶内における刑事裁判権

領海には沿岸国の主権(領域主権＝完全な領域管轄権)が及ぶ。従って、原則として、領海航行中の外国船舶内で行われた犯罪に関しても沿岸国の刑事裁判権(執行的管轄権)が及ぶ。

Ⅲ　沿岸国の領域管轄権が及ぶ海洋

しかし領海における無害通航の制度を定める国際法は、外国船舶の「航行の利益」(この語は 27 条 4 項に見られる) を考慮して、無害通航中の外国船舶内で行われた犯罪に関して、逮捕、捜査を行うための沿岸国の刑事裁判権の行使を、一定の場合に限定している。

 α) 犯罪の結果が沿岸国に及ぶ場合

 β) 犯罪の性質上、沿岸国の安寧 (peace) または領海の秩序を
　　乱すものである場合

 γ) 犯罪の結果、性質の如何にかかわらず、外国船舶の船長、旗
　　国の外交官、領事官が援助を要請してきた場合

 δ) 麻薬、向精神剤の不法な取引の防止に必要な場合

これらの場合以外には、沿岸国は領海を無害通航中の船舶内の犯罪に関して、逮捕、捜査を行ってはならない (27 条 1 項)。ただし内水から垂直的な通航を行っている外国船内の犯罪に関しては、この限りではない (同 2 項)。

Ⅲ-A-2-3-2-3-2　外国船舶に関する民事裁判権

領海には沿岸国の主権が及ぶ。従って、原則として、領海を通航している外国船舶内にある人に関しても、領海通航中の外国船舶に対しても、沿岸国の民事裁判権は及ぶ。

しかし領海における無害通航制度を定める国際法は、外国船舶の「航行の利益」を考慮して、《領海を通航している外国船舶内にある者に関して民事裁判権を行使するために当該外国船舶を停止させてはならず、又はその航路を変更させてはならない》(28 条 1 項) と定める。

また領海通航中の外国船舶に対して、民事上の強制執行または保全処分を行い得る場合を、一定の場合に限っている。一定の場合と

は、その船舶が沿岸国の水域を航行している間に、またはその水域を航行するために、その船舶について生じた債務または責任に関する場合である（同2項）。ただし領海に停泊しているか、または内水から垂直的な通航を行っている外国船舶に関しては、この限りではない（同3項）。

Ⅲ-A-2-3-2-4　軍艦等の場合

Ⅲ-A-2-3-2-4-1　軍　艦　等

軍艦等とは、「軍艦及び非商業的目的のために運航する政府船舶」のことである。軍艦等が領海において無害通航権を有し、無害通航に関する規則が軍艦等にも適用されることについては前述した。

Ⅲ-A-2-3-2-4-2　軍艦の定義

軍艦等の中で特に軍艦が問題である。軍艦については次のような定義がある。

《この条約の適用上、「軍艦」とは、一の国の軍隊に属する船舶であって、当該国の国籍を有するそのような船舶であることを示す外部標識を掲げ、当該国の政府によって正式に任命されてその氏名が軍務に従事する者の適当な名簿又はこれに相当するものに記載されている士官の指揮の下にあり、かつ、正規の軍隊の規律に服する乗組員が配置されているものをいう》（29条）。

この定義は、1958年の公海条約の軍艦の定義と似ているけれども、公海条約の定義が《一国の海軍（naval forces, marine de guerre）に属する船舶であって》となっているのに対し、1982年条約では《一の国の軍隊（armed forces, forces armées）に属する船舶であっ

Ⅲ　沿岸国の領域管轄権が及ぶ海洋

て》となっており、それに伴って《軍艦であることを示す外部標識》が《そのような船舶であることを示す外部標識》に、《海軍名簿》が《軍務に従事する者の適当な名簿》に、《海軍の規律》が《軍隊の規律》になっている点が指摘される。従って国連海洋法条約でいう軍艦は、艦船の所属が陸海空軍のいずれであるかを問わない。陸海空軍のいずれに属するかを問わず、例えば軍事的目的の輸送船、掃海艇、タンカーなども、他の所定の条件を満たしていれば、条約上の軍艦ということになる。

Ⅲ-A-2-3-2-4-3　軍艦の無害通航権

軍艦の無害通航権については古くから問題のあるところである。特に軍艦の領海通航に当たって事前の許可または通告を要求し得るかが問題である。これについての規定は領海条約にも国連海洋法条約にも設けられなかった。これらの条約の規定の仕方からみて軍艦が無害通航権を有することについては疑いはないであろう。

しかし実際に軍艦の領海通航について、事前の許可の申請ないしは事前の通告を要求している例は少なくないといわれる。これらの要求が無害通航権を侵害するものか否かについては確定的な見解はない。しかしこうした要求の積み重ねは、これらの要求が軍艦の無害通航に関連して違法ではないという法規範を生み出す原因にはなるであろう、という見方もある（小田『注解』p. 104）。

Ⅲ-A-2-3-2-4-4　軍艦等の免除

軍艦等は、外交使節団、領事機関、国家元首、軍隊などと同様に、外国領域内（外国の領域主権ないし領域管轄権の及ぶ区域内）において一定の免除（主権免除ともいう。沿岸国の管轄権、特に裁判権から

の免除）を享有する（これについては32条に触れている）。例えば、沿岸国の官憲は艦長の同意なくして軍艦内に立ち入ることはできない。また乗組員は沿岸国の裁判権に服さない。軍艦は航海、衛生、警察などに関する沿岸国の法令に服さなければならないが、それに違反した場合、沿岸国は関係者を処罰し得ない。

しかし沿岸国は法令に従わない軍艦に対して、領海からの退去を要求し得る。

《軍艦が領海の通航に係る沿岸国の法令を遵守せず、かつ、その軍艦に対して行われた当該法令の遵守の要請を無視した場合には、当該沿岸国は、その軍艦に対し当該領海から直ちに退去することを要求することができる》(30条)。

また軍艦等がもたらした損害について軍艦の旗国は沿岸国に対し責任を負い、救済の義務を負う。

《旗国は、軍艦又は非商業的目的のために運航するその他の政府船舶が領海の通航に係る沿岸国の法令、この条約又は国際法の他の規則を遵守しなかった結果として沿岸国に与えたいかなる損失又は損害についても国際的責任を負う》(31条)。

Ⅲ-A-3　国際航行に使用されている海峡（国際海峡）（Straits used for international navigation, Détroits servant à la navigation internationale)）

国際航行に使用されている海峡を簡単に国際海峡と呼ぶことにする。国際海峡として挙げられるものは一定しないが、その主なものに、宗谷海峡（幅：23海里）、津軽海峡（10海里）、対馬海峡東水道（対馬海峡）（25海里）、対馬海峡西水道（朝鮮海峡）（23海里）、大隅海峡（16海里）、ベーリング海峡（19海里）、マラッカ海峡（8海里）、

Ⅲ　沿岸国の領域管轄権が及ぶ海洋

スンダ海峡（12 海里）、ロンボク海峡（11 海里）、ホルムズ海峡（21 海里）、バベルマンデブ海峡（14 海里）、ジブラルタル海峡（8 海里）、ドーヴァー海峡（18 海里）などがある。幅については各資料によって必ずしも同一ではない。

　これらの国際海峡のすべてに、同じ通航制度が適用されるわけではないし、また国連海洋法条約Ⅲ部［国際航行に使用されている海峡］に規定される通航制度が適用されるわけでもない。

　国際海峡は、内水、領海などと異なり、海洋の基本的区分の一つではないことについては前述した。

Ⅲ-A-3-1　国際海峡と海洋法条約

　1958 年の海洋法条約は、国際海峡については領海条約に 16 条 4 項の規定を持つに過ぎなかった。1982 年条約は、第Ⅲ部に「国際航行に使用されている海峡」を置き、12 ヵ条の規定を設けた。領海 12 海里の採用により、ほとんどの国際海峡が領海化する。また群島水域の採用により若干の国際海峡が群島水域化する。そこで第三次国連海洋法会議において、先進海洋国、海軍国が 12 海里領海及び群島水域を認める代わりに、国際海峡に関し、領海及び群島水域の通常の通航制度より、より自由な通航制度を主張し、それが認められた。

Ⅲ-A-3-2　国際海峡の分類

Ⅲ-A-3-2-1　第Ⅲ部の通航制度が適用されない国際海峡

　第Ⅲ部「国際航行に使用されている海峡」には「通過通航」の制度と「無害通航」（後述するように領海における通常の無害通航と異な

る、いわゆる「強化された」無害通航）の制度が規定されている。しかし国際海峡には常に通過通航ないし無害通航の制度が適用されるわけではない。国際海峡は単に国際航行に使用されている海峡というだけであって、特別な法的意味を持つものではない。第Ⅲ部に規定する通過通航ないし無害通航の制度が適用されない国際海峡も存在する。

《この部の規定は、国際航行に使用されている海峡であって、その海峡内に航行上及び水路上の特性において同様に便利な公海の航路又は排他的経済水域の航路が存在するものについては、適用しない。これらの航路については、この条約の他の関連する部の規定（航行及び上空飛行の自由に関する規定を含む。）を適用する》(36条)。

すなわち国際海峡の幅如何にかかわらず、海峡内に公海航路または排他的経済水域航路が存在する場合は、海峡内のその航路において公海または排他的経済水域の通航制度が適用されるのであって、第Ⅲ部の通航制度は適用されない。

また第Ⅲ部の規定は、《特にある海峡について定める国際条約であって長い間存在し現に効力を有しているものがその海峡の通航を全面的又は部分的に規制している法制度》には影響を及ぼさない(35条(C))。すなわち国際海峡であってもその通航制度が長期間にわたり特別の条約によって規制されている場合には、その条約の通航制度が適用されるのであって、第Ⅲ部の通航制度は適用されない。

さらに群島国の国際海峡であって、それが群島水域に含まれる場合は、群島水域の通航制度が適用されるのであって、第Ⅲ部の通航制度は適用されない。

このように国際海峡の中には第Ⅲ部が規定する通航制度が適用さ

Ⅲ　沿岸国の領域管轄権が及ぶ海洋

れない国際海峡があることを注意する必要がある。

Ⅲ-A-3-2-2　第Ⅲ部の通航制度が適用される国際海峡

第Ⅲ部の通航制度が適用される国際海峡は、従って、一般的にいえば、領海としての国際海峡であり、またその通航制度が長期間にわたり特別の条約によって規制されていない国際海峡である。

なお第Ⅲ部の通航制度は領海としての国際海峡に適用されるのであって、海峡内の内水部分には適用されない（35条(a)）。また排他的経済水域または公海を含む国際海峡でも、その海峡の領海部分に例外的に第Ⅲ部の通航制度が適用される場合がある（後述）。

第Ⅲ部に特に規定される通航制度としては「通過通航」（2節）と「無害通航」（3節）がある。1982年の国連海洋法条約

表1

国際海峡
- 第Ⅲ部の通航制度が適用される国際海峡
  - 領海としての国際海峡
    - 通過通航制度が適用される国際海峡
      —公海・排他的経済水域↔公海・排他的経済水域(37)
    - 無害通航制度が適用される国際海峡
      —公海・排他的経済水域↔領海 (45(1)(b))
      —公海・排他的経済水域↔公海・排他的経済水域で島がある場合(38(1), 45(1)(a))
- 第Ⅲ部の通航制度が適用されない国際海峡
  —公海・排他的経済水域航路のある国際海峡 (36)
  —特別条約によって規制される国際海峡 (35(c))
  —群島水域内の国際海峡

海洋国際法入門

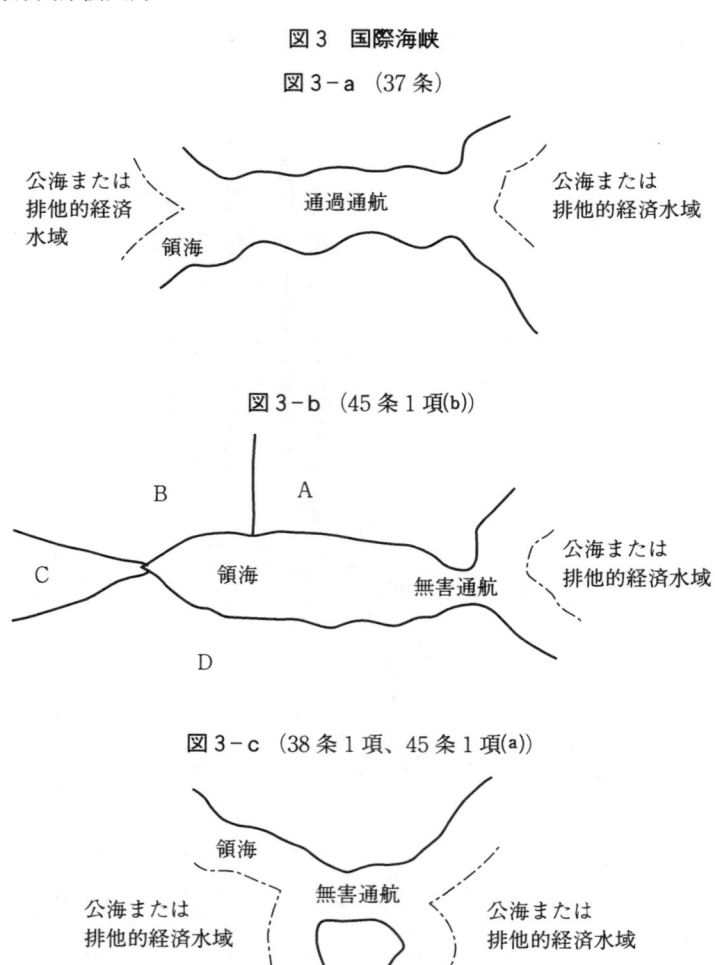

図3 国際海峡

図3-a （37条）

公海または排他的経済水域 — 領海 — 通過通航 — 公海または排他的経済水域

図3-b （45条1項(b)）

B　A
C　領海　無害通航　公海または排他的経済水域
D

図3-c （38条1項、45条1項(a)）

領海　無害通航
公海または排他的経済水域　公海または排他的経済水域

68

Ⅲ 沿岸国の領域管轄権が及ぶ海洋

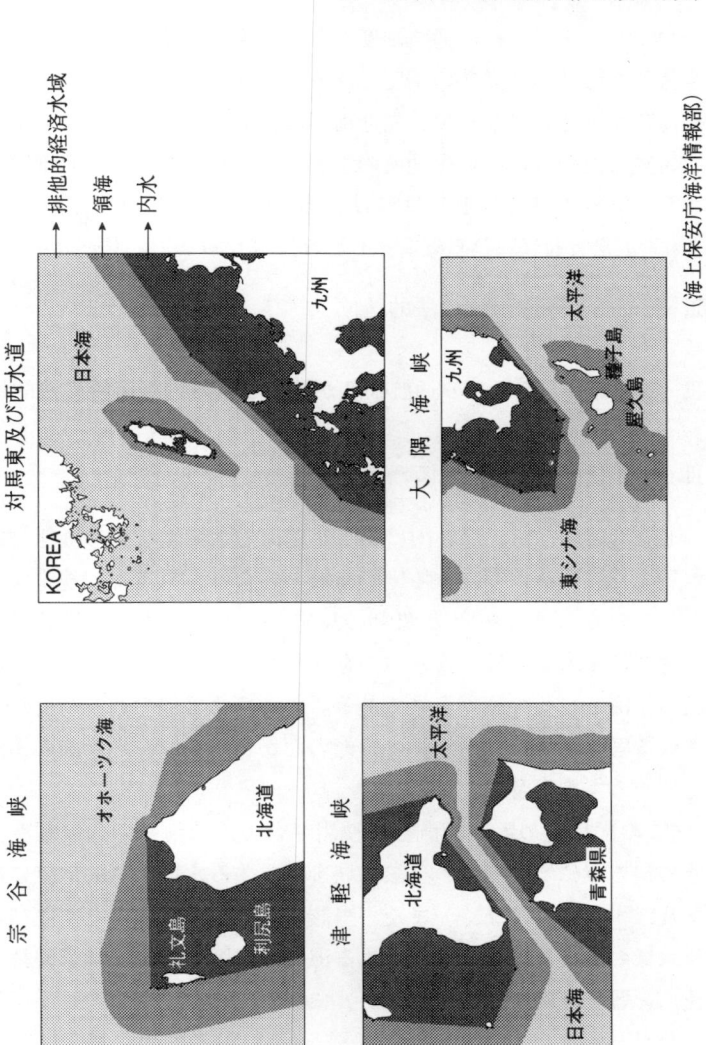

図 3-d （宗谷海峡等五海峡）

対馬東及び西水道

→ 排他的経済水域
→ 領海
→ 内水

KOREA　日本海　九州

大隅海峡

九州　太平洋
東シナ海　種子島　屋久島

宗谷海峡

オホーツク海　北海道
礼文島　利尻島

津軽海峡

北海道　太平洋
日本海　青森県

（海上保安庁海洋情報部）

が規定した国際海峡の通航制度として、最も重要であり、また最も特徴的なのは通過通航の制度である。国際海峡のほとんどすべてが領海化することになって、先進海洋国、海軍国がその実現を最も強く希望したのもこの通過通航の制度であった。しかし第Ⅲ部が適用される国際海峡の通航制度には、通過通航以外に無害通航(「強化された」無害通航)のあることも忘れてはならない。(表1)

Ⅲ-A-3-3　国際海峡の法的地位

Ⅲ-A-3-3-1　第Ⅲ部の通航制度が適用される国際海峡の法的地位

Ⅲ-A-3-3-1-1　沿岸国の権能―主権―

　国際海峡のうち、海峡内に領海を越える水域すなわち排他的経済水域または公海が存在する国際海峡の場合は、第Ⅲ部の規定は適用されないから (36条)、第Ⅲ部の規定が適用される国際海峡は、排他的経済水域または公海水域の存在しない国際海峡、すなわち沿岸国の領海としての国際海峡である。従って第Ⅲ部の通航制度が適用される国際海峡は、沿岸国の権能の面からみれば、沿岸国の領海としてその主権が及ぶ。

　《この部に定める国際航行に使用されている海峡の通航制度は、その他の点については、当該海峡を構成する水域の法的地位に影響を及ぼすものではなく、また、当該水域、当該水域の上空並びに当該水域の海底及びその下に対する海峡沿岸国の主権又は管轄権の行使に影響を及ぼすものではない》(34条1項)。

　ただし領海における場合と同様、《海峡沿岸国の主権又は管轄権は、この部の規定及び国際法の他の規則に従って行使される》(同

Ⅲ　沿岸国の領域管轄権が及ぶ海洋

2項)。

Ⅲ-A-3-3-1-2　外国の使用の自由—通航制度—

Ⅲ-A-3-3-1-2-1　通過通航 (transit passage, passage en transit)

　国際海峡が領海である場合には、一般的にいえば領海だから少なくとも無害通航の制度が適用されるはずである。1958年の領海条約は、領海としての国際海峡のうち、公海と公海、公海と領海を結ぶ国際海峡については、通航の停止を認めないいわゆる「強化された」無害通航を規定するに止まった (16条4項)。

　第三次国連海洋法会議において、大海洋国は領海化する国際海峡に対して、強化された無害通航よりより自由な通航制度を要求した。1982年条約は、非常に慎重な規定を設けながらも (内水、領海、排他的経済水域、公海、既存の国際海峡への影響の配慮 (34条、35条))、一定の国際海峡に関して無害通航ないし強化された無害通航の制度とは異なる通過通航の制度を新しく設けた。

　この通過通航の制度が適用される国際海峡について、条約は次のように規定する。

　《この節 [第2節　通過通航] の規定は、公海又は排他的経済水域の一部分と公海又は排他的経済水域の他の部分との間にある国際航行に使用されている海峡について適用する》(37条)。

　通過通航の制度が適用される国際海峡は、公海と公海、排他的経済水域と排他的経済水域、公海と排他的経済水域を結ぶ国際海峡である。(図3-a)

Ⅲ-A-3-3-1-2-1-1　外国船舶・航空機の権利義務

Ⅲ-A-3-3-1-2-1-1-1　外国船舶・航空機の権利——通過通航権
　　　　　　　　　　（right of transit passage, droit de passage en transit）——

《すべての船舶及び航空機は、前条に規定する海峡において、通過通航権を有するものとし、この通過通航権は、害されない》（38条1項前段）。

Ⅲ-A-3-3-1-2-1-1-1-1　通過通航の意味

通航の方向　38条2項によれば、通過通航は通過の目的のための航行及び上空飛行をいうが、海峡沿岸国への入国または沿岸国からの出国の目的での通航も含まれるから、通航方向としては、領海の無害通航の場合と同様、平行的通航も垂直的通航も含むといえる（通過通航といっても垂直的通航も含む）。

通航の形態　同じく38条2項によれば、通航の形態は、領海の無害通航の場合と同様、《継続的かつ迅速》でなければならない。なお通過通航の場合は、無害通航の場合（20条）と異なり、潜水船に対して海面上の航行を要求する規定はない。

Ⅲ-A-3-3-1-2-1-1-1-2　通過通航を認められるもの

第一に、無害通航の場合と異なり、船舶の通航だけでなく、航空機の上空飛行も認められる。

第二に、同じく無害通航の場合と異なり、《すべての船舶》と明確に規定されることによって、明示的に軍艦の通航も認められる。

Ⅲ　沿岸国の領域管轄権が及ぶ海洋

《すべての船舶及び航空機》の通過通航権が認められる。従って軍艦だけでなく軍用航空機も含まれる。

無害通航の場合のように、《すべての国の》という表現は特に見られないが、通常の領海において内陸国を含めてすべての国の船舶に無害通航が認められる以上、国際海峡である領海においては当然に、すべての国の船舶に通過通航が認められるであろう。航空機についても同様であろう。

従って通過通航が認められる国際海峡において、通過通航が認められるものは、すべての国のすべての種類の船舶及び航空機ということになる。

Ⅲ-A-3-3-1-2-1-1-2　外国船舶・航空機の義務

Ⅲ-A-3-3-1-2-1-1-2-1　船舶、航空機に共通の義務

通過通航権の行使に当たって船舶及び航空機は次のことを遵守しなければならない（39条1項）。
① 　遅滞なく海峡を通航し、またその上空を飛行すること。
② 　武力による威嚇または武力の行使を差し控えること。
③ 　継続的かつ迅速な通過の通常の形態に付随する活動以外のいかなる活動も差し控えること。

無害通航の場合、19条2項に掲げる《通航に直接の関係を有しない活動》に従事しないことが、無害通航権の行使の条件とされていたのと同様に、通過通航の場合も、《継続的かつ迅速な通過の通常の形態に付随する活動以外のいかなる活動》にも従事しないことが、通過通航権行使の条件となるであろう。そのような活動の例として、船舶に関しては19条2項に挙げられている活動が参考にな

るだろう。

　軍艦、軍用航空機及び非商業的目的のために運航する政府船舶、航空機などの主権免除を享有する船舶または航空機の旗国または登録国の義務として、次の規定がある（領海の場合に主権免除を享有する船舶に関して31条に同趣旨の規定があった）。

《主権免除を享有する船舶又は航空概が1の法令［通過通航に関する海峡沿岸国の法令］又はこの部の他の規定に違反して行動した場合には、その旗国又は登録国は、海峡沿岸国にもたらしたいかなる損失又は損害についても国際的責任を負う》（42条5項）。

Ⅲ-A-3-3-1-2-1-1-2-2　船舶のみの義務

　通過通航中の船舶は次のものを遵守しなければならない（39条2項）。

① 海上における安全のための一般的に受け入れられている国際的な規則、手続及び方式（practices）（海上における衝突の予防のための国際規則を含む）。
② 船舶からの汚染の防止、軽減及び規制のための一般的に受け入れられている国際的な規則、手続及び方式（国際的な規則として、特に1954年の「油による海洋汚染防止のための国際条約」、1973年の「船舶による汚染防止のための国際条約」など）。

　通過通航中の船舶は、海峡沿岸国の事前の許可なしに、いかなる調査活動または測量活動も行ってはならない（40条）。

　通過通行中の船舶は、海峡沿岸国が設定する航路帯及び分離通航帯を尊重しなければならない（41条7項）。

　通過通航中の船舶は、海峡沿岸国が制定する海峡の通過通航に係わる法令を遵守しなければならない（42条4項）。

Ⅲ　沿岸国の領域管轄権が及ぶ海洋

Ⅲ-A-3-3-1-2-1-1-2-3　航空機のみの義務

通過通航中の航空機は、次のことを遵守して運航しなければならない（39条3項）。
① 民間航空機については、国際民間航空機構（ICAO）が設定した民間航空機に適用される航空規則。国の航空機については航空規則に係わる安全措置及び航行の安全。
② 国際的に指定された権限ある航空管制当局によって割り当てられた無線周波数または適当な国際遭難無線周波数の聴取。

Ⅲ-A-3-3-1-2-1-2　沿岸国の権利義務

Ⅲ-A-3-3-1-2-1-2-1　沿岸国の権利

この場合ももちろん国際海峡における沿岸国の権利一般ではなく、国際海峡の通過通航に係わる沿岸国の権利である。

Ⅲ-A-3-3-1-2-1-2-1-1　通過通航に関する法令制定権

《海峡沿岸国は、この節の規定に定めるところにより、次の事項の全部又は一部について海峡の通過通航に係る法令を制定することができる。
(a) 前条に定めるところに従う航行の安全及び海上交通の規制
(b) 海峡における油、油性廃棄物その他の有害な物質の排出に関して適用される国際的な規則を実施することによる汚染の防止、軽減及び規制
(c) 漁船については、漁獲の防止（漁具の格納を含む）
(d) 海峡沿岸国の通関上、財政上、出入国管理上又は衛生上の法

75

令に違反する物品、通貨又は人の積込み又は積卸し》(42条1項)。

Ⅲ-A-3-3-1-2-1-2-1-2　航路帯、分離通航帯を設定する権利

《海峡沿岸国は、船舶の安全な通航を促進するために必要な場合には、この部の規定により海峡内に航行のための航路帯を指定し及び分離通航帯を設定することができる》(41条1項)。

Ⅲ-A-3-3-1-2-1-2-2　沿岸国の義務

沿岸国の権利の場合と同様、国際海峡の通過通航に係わる沿岸国の義務のみが問題である。

《海峡沿岸国は、通過通航を妨害してはならず、また、海峡内における航行上又はその上空における飛行上の危険で自国が知っているものを適当に公表する。通過通航は停止してはならない》(44条)。

国際海峡の通過通航に係わる沿岸国の義務として、α)通過通航を妨害しない義務、β)航行上または飛行上の危険を公表する義務、γ)通過通航を停止しない義務、の三つを挙げることができる。

領海の無害通航の場合は、沿岸国は自国の安全の保護のために不可欠な場合には、領海内の特定の区域において、外国船舶間に差別を設けることなく、外国船舶の無害通航を一時的に停止することができるが (25条3項)、海峡沿岸国は国際海峡の通過通航を停止してはならない。

Ⅲ-A-3-3-1-2-1-3　海峡利用国と海峡沿岸国の協力

《海峡利用国及び海峡沿岸国は、合意により、次の事項について協力する。

Ⅲ　沿岸国の領域管轄権が及ぶ海洋

(a)　航行及び安全のために必要な援助施設又は国際航行に資する他の改善施設の海峡における設定及び維持
(b)　船舶からの汚染の防止、軽減及び規制》(43条)。

Ⅲ-A-3-3-1-2-2　無害通航

Ⅲ-A-3-3-1-2-2-1　無害通航制度が適用される国際海峡

《第Ⅱ部第3節［無害通航］の規定に基づく無害通航の制度は、国際航行に使用されている国際海峡のうち次の海峡について適用する。
(a)　第38条1の規定により通過通航の制度の適用から除外される海峡
(b)　公海又は一の国の排他的経済水域の一部と他の国の領海との間にある海峡》(45条1項)。

《第38条1の規定により通過通航の制度の適用から除外される海峡》とは、海峡沿岸国の本土と島の間の海峡であって、その島の外側の海に、航行上及び水路上の観点から見て、本土と島との間の海峡と同様に便利な、公海または排他的経済水域の航路が存在する場合である。イタリア本土とシチリア島との間のメッシナ海峡がその例としてあげられる。(図3-c)

《公海又は一の国の排他的経済水域の一部と他の国の領海との間にある海峡》の例として、アカバ湾と紅海を結ぶチラン海峡が挙げられる。(図3-b)

Ⅲ-A-3-3-1-2-2-2　「強化された」無害通航

《1［45条1項］の海峡における無害通航は停止してはならな

い》(45条2項)。

　一般の領海の無害通航は、一時的に停止し得る (25条3項)。それに対し国際海峡の無害通航は停止し得ないという意味において、「強化された」無害通航といわれる。その他の点について一般の無害通航と異ならない。すなわち航空機は含まれないし、潜水船の潜水航行は認められない。

Ⅲ-A-3-3-1-2-3　通過通航と一般の無害通航の基本的相違点

① 通過通航は航空機を含むこと
② 通過通航は潜水船の浮上航行を要求されないこと
③ 通過通航は停止し得ないこと

なお上述の如く、国際海峡の無害通航は、「強化された」無害通航として停止し得ないという点において、通過通航と共通する。

Ⅲ-A-3-3-2　第Ⅲ部の通航制度が適用されない国際海峡の法的
　　　　　　地位

Ⅲ-A-3-3-2-1　排他的経済水域航路、公海航路のある国際海峡

　この部のいかなる規定も、《海峡沿岸国の領海を超える水域の排他的経済水域又は公海としての法的地位》に影響を及ぼすものではない (35条(b))。従って、

　《この部の規定は、その海峡内に国際航行に使用されている海峡であって、航行上及び水路上の特性において同様に便利な公海又は排他的経済水域の航路が存在するものについては、適用しない。これらの航路においては、この条約の他の関連する部の規定（航行及び上空飛行の自由に関する規定を含む。）を適用する》(36条)。

Ⅲ　沿岸国の領域管轄権が及ぶ海洋

　一般的にいえば、排他的経済水域航路または公海航路がある国際海峡には、その航路に排他的経済水域または公海の通航制度が適用されて、その海峡の領海部分には第Ⅲ部の通航制度は適用されないということができるだろう。しかし36条が《<u>航行上及び水路上の特性において同様に便利な公海又は排他的経済水域の航路</u>》の存在を、第Ⅲ部の規定の不適用の条件としていることから、厳密にいえば、第Ⅲ部の通航制度が適用されない国際海峡は、海峡内に単に排他的経済水域または公海が存在し、そこに排他的経済水域航路または公海航路が存在するというだけでなく、その排他的経済水域航路または公海航路が、航行上及び水路上の特性において海峡内の領海部分の航路と同様に便利なものでなければならないということになるだろう。

　従って、逆にいえば、たとえ海峡内に排他的経済水域航路または公海航路があったとしても、その航路が航行上及び水路上の特性において領海航路と同様に便利な航路でない場合には、その海峡の領海部分に第Ⅲ部の通航制度が適用されるということになるだろう。

Ⅲ-A-3-3-2-2　特別な条約によって規制される国際海峡

　《この部のいかなる規定も、次のものに影響を及ぼすものではない。

　……

(C)　特にある海峡について定める国際条約であって、長い間存在し、現に効力を有しているものがその海峡の通航を全面的又は部分的に規制している法制度》(35条)。

　第Ⅲ部において国際海峡の通航制度として通過通航及び強化された無害通航が規定されているが、これらの規定は、特別な条約に

よってその通航制度が規定されている国際海峡には適用されない。

　特別な条約によって規制されている国際海峡の例として次のものが挙げられる。

　<u>大ベルト海峡</u>、<u>小ベルト海峡</u>（デンマーク）、<u>エレソン（スンド）海峡</u>（デンマーク・スウェーデン）……1857 年 3 月 14 日のコペンハーゲン条約

　<u>マゼラン海峡</u>（アルゼンチン・チリ）……1881 年 7 月 23 日のアルゼンチン・チリ国境条約（1984 年 11 月 29 日のアルゼンチン・チリ平和友好条約 5 条は、マゼラン海峡の中立化と自由航行を再確認した）

　<u>ジブラルタル海峡</u>（スペイン・モロッコ）……1904 年 4 月 8 日の仏英宣言（同宣言は 1912 年 11 月 27 日のモロッコに関するフランス・スペイン条約 6 条によって確認された）

　<u>オーランド海峡</u>（スウェーデン・フィンランド）……1921 年 10 月 20 日のオーランド諸島の非要塞化及び中立化に関する条約

　<u>ダーダネルス海峡</u>、<u>ボスフォラス海峡</u>（トルコ）……1936 年 7 月 20 日の海峡制度に関するモントルー条約

　<u>マラッカ海峡</u>、<u>シンガポール海峡</u>（マレーシア・インドネシア・シンガポール）……1971 年 11 月 16 日及び 1977 年 2 月 24 日のインドネシア、マレーシア、シンガポール三国間の共同宣言（海峡問題に現代的アプローチを行った最初の条約）

Ⅲ-A-3-3-3　宗谷海峡等五海峡

　日本の領海及び接続水域に関する法律（1977 年 5 月 2 日公布、7 月 1 日施行、1996 年改正）1 条は、《我が国の領海は、基線からその外側 12 海里の線までの海域とする》と規定するが、同法附則は宗谷海峡等五海峡について特別措置を規定している。

Ⅲ　沿岸国の領域管轄権が及ぶ海洋

《当分の間、宗谷海峡、津軽海峡、対馬海峡東水道、対馬海峡西水道及び大隅海峡（これらの海峡にそれぞれ隣接し、かつ、船舶が通常航行する経路からみてこれらの海域とそれぞれ一体をなすと認められる海域を含む。以下「特定海域」という。）については、第1条の規定は適用せず、特定海域に係わる領海は、それぞれ、基線からその外側3海里の線及びこれと接続して引かれる線までの海域とする》(附則2)。

従ってこれら五海峡は、国際航行に使用されている海峡であるとしても、現在のところ、36条にいう《航行上及び水路上の特性に関して同様に便利な公海の航路又は排他的経済水域の航路がその海峡内に存在するもの》であって、第Ⅲ部の通航制度（通過通航ないし強化された無害通航）が適用されない国際海峡のタイプに属する。これら五海峡の中央部分は日本の排他的経済水域の一部を構成する。従ってそこにおいては排他的経済水域の通航制度（自由通航―後述）が適用される。

なお、韓国も1977年に領海を3海里から12海里に拡大した時、対馬海峡西水道に面する海岸に関しては3海里を維持した。

これら五海峡についての特別措置は、1977年の旧領海法1条で定められた。1996年、国連海洋法条約批准に当たって、前述したように領海法の一部は改正されたが、五海峡についての特別措置は変更されなかった。（図3-d）

領海12海里の採用によって領海化することになるこれらの日本周辺の国際海峡において、このような特別措置がとられたのは、核兵器を作らず、持たず、持ち込ませず、という日本のいわゆる「非核三原則」（1968年の国会決議）と関係があるように思われる。これらの国際海峡が領海化した場合、国連海洋法条約Ⅲ部の通過通航

の制度が適用されることになる。

　これら五海峡に核搭載艦の通過の可能性があり、領海は国際海峡といえども沿岸国の主権の及ぶ領域であって、そこにおけるそのような艦船の通過は核兵器を持ち込ませずの原則に抵触することになる。それを免れるためにこれらの海峡の領海化を避けたと思われる。核搭載艦の通過の可能性に変わりはないけれども、たとえ通過したとしてもそこは排他的経済水域であって、日本の主権の及ぶ領域ではないから、核兵器を日本の領域に持ち込ませずの原則に触れることはないということになる。

　もっとも政府は国連海洋法条約を審議した第136回国会において、このような特別措置と非核三原則との関係を否定し、そのような措置をとった理由は、日本が国際海峡における自由通航を促進する役割を率先して果たすためであると説明した（牛尾裕美「領海及び国際海峡に対する我が国の立場とその問題点」，東海大学紀要　海洋学部（一般教養）No. 23、1997、p. 22）。

Ⅲ-A-4　群島水域（Archipelagic waters, Eaux archipélagiques）

群島水域を領海、国際海峡の次にとり上げる理由　群島水域は、後で見るように群島国において内水と領海の間に存在する海域である。そこで陸に近い方からとり上げていくとすると、群島水域は内水の次にとり上げることになる。しかし今まで見てきたように、内水の次に領海を、その次に国際海峡をとり上げ、そしてその後に群島水域をとり上げた。それは次のような理由による。

　まず領海を群島水域より先にとり上げた理由としては、群島水域は群島国にのみ認められる特別な水域であって、1982年条約によって初めて規定されたものであるということを挙げることもでき

Ⅲ　沿岸国の領域管轄権が及ぶ海洋

るだろう。しかしより重要なことは、群島水域の通航制度として伝統的な領海の通航制度―無害通航制度―が適用されるということ、従って群島水域を見る前に領海を見ておくことが必要であるということである。

次に国際海峡を群島水域の前にとり上げたのは、群島水域には、一般の領海の通航制度のほかに、領海の特別の場合である国際海峡に適用される通航制度―通過通航制度―と同じような制度が適用される場合があることによる。そのような理由から群島水域の前に国際海峡の制度を見ておくのが便宜であると考えたからである。

国連海洋法条約も、第Ⅱ部「領海」、第Ⅲ部「国際航行に使用されている海峡」、第Ⅳ部「群島国」の順に規定している。第Ⅳ部のタイトルは群島水域ではなく群島国となっている。

群島国　代表的な群島国としてインドネシア及びフィリピンを挙げることができる。インドネシアは17000余の島からなる世界最大の群島国であり、フィリピンは7000余の島からなりそれに次ぐ。その他にフィジー、パプアニューギニア、キリバス、ソロモン、バヌアツ、ツバル、カーボベルデ、コモロ、サントメ・プリンシペ、アンティグア・バーブーダ、トリニダート・トバゴ、セントビンセントなどがある。インドネシア、フィリピンを含め、いずれも第二次大戦後独立した国である。

Ⅲ-A-4-1　群島水域と海洋法条約

群島から構成される群島国（群島国の定義46条）の群島水域の制度は、1982年の国連海洋法条約に初めて規定された。1958年の領海条約は、イギリス・ノルウェー漁場事件に関する1951年12月18日の国際司法裁判所の判決を受けて、いわゆる沿岸群島に関し

て直線基線の採用を規定したが（4条1項）、島に関しては領海の一般規則の適用を規定したに止まり（10条2項）、従っていわゆる大洋群島の領海に関していかなる特別制度の採用も認めなかった。

　島の集団の外周を直線で結び、島々とそれに隣接する海域を一体としてとらえようとする「群島主義」の主張は一世紀以上前に遡るが、比較的最近に至るまで、国際的な学会や会議での議論及び若干の国の国内的な措置に止まっていた（インドネシアが群島主義を宣言したのは 1957 年である）。第二次大戦後の非植民地化による群島国の増加と海洋支配の拡大の傾向が群島主義の国際的承認への推進力となった。

　しかし大洋群島国の群島主義の採用は、経済的、戦略的に極めて重要な航路（例：スンダ海峡、ロンボク海峡）を群島国の水域にとり込むことになるので、海洋国の強力な抵抗を引き起こす。第三次国連海洋法会議は、群島主義を認めさせようとする力とそれに対する抵抗との長い抗争を経て、非群島国の利益を保持しつつ群島主義を承認するという妥協の制度を成立させた。

　国連海洋法条約は、第Ⅳ部「群島国」に 10 ヵ条の規定をおき、群島国及び群島水域について規定した。

Ⅲ-A-4-2　群島水域の範囲

Ⅲ-A-4-2-1　群島基線（archipelagic baselines, lignes de base archipélagiques）

　群島水域とは、《第 47 条の規定に従って引かれる群島基線により取り囲まれる水域》をいうのであって、水深または沿岸からの距離を問わない（49条1項）。従って群島基線によって群島水域の範囲

Ⅲ　沿岸国の領域管轄権が及ぶ海洋

が決まる。

Ⅲ-A-4-2-1-1　直線の群島基線

《群島国は、群島の最も外側の島及び低潮時に水面上にある礁の最も外側の諸点を結ぶ直線の群島基線を引くことができる。……》(47条1項)。

日本訳では必ずしも明確ではないが、この規定は、群島国は群島の最も外側の島の最も外側の諸点及び群島国の島ではないが低潮時に水面上にある礁の最も外側の諸点を結んで直線の群島基線を引くことができるという意味である。

「低潮時に水面上にある礁」は、drying reefs, récifs découvrants の訳である。drying reefs という言葉は、第三次国連海洋法会議において、低潮時には水面上にあるが高潮時には水中に没する礁と理解されていた。この訳はそれに従ったものである。ただそうなると drying reefs は、13条でいう低潮高地と同じということになる。同条では、《低潮高地とは、自然に形成された陸地であって、低潮時には水に囲まれ水面上にあるが、高潮時には水中に没するものをいう》と定義されている。47条4項は、《群島基線は、低潮高地との間に引いてはならない》と規定している。47条1項の drying reefs を「低潮時に水面上にある礁」と解すると、群島基線は低潮高地との間に引くことができるということになり、47条4項は群島基線を低潮高地との間に引くことを禁止している。この矛盾をどう解決すべきか。

47条4項は、上の引用に続いて、《ただし、恒久的に海面上にある灯台その他これに類する施設が低潮高地の上に建設されている場合及び低潮高地の全部又は一部が最も近い島から領海の幅を超えな

い距離にある場合は、この限りでない》と規定している。従って少々無理な解釈ではあるが、この47条4項の但し書きの規定が47条1項にも適用されると解するほかはないであろう。すなわちdrying reefsとの間に直線の群島基線を引くことはできるが、それは47条4項但し書に挙げられている二つの場合に限られる。

　領海の直線基線については、それは低潮高地との間に引いてはならないと規定し、ただし例外として低潮高地との間に引いてもよい場合を挙げている（7条4項）。それに対し群島基線の場合は、それを「低潮時に水面上にある礁」（低潮高地）との間に引くことができると規定し（47条1項）、またそれを低潮高地との間に引いてはならないと規定し、ただし例外として引くことができる場合のあることを規定している（47条4項）。少々奇妙な規定の仕方ではある。

Ⅲ-A-4-2-1-2　群島基線の引き方

Ⅲ-A-4-2-1-2-1　水域と陸の面積の割合

　《[47条1項の上記引用に続いて] ただし、群島基線の内側に主要な島があり、かつ、群島基線の内側の水域の面積と陸地（環礁を含む。）の面積との比率が、一対一から九対一までの間のものとなることを条件とする》（47条1項）（関連同7項）。要するに群島水域そのものの面積が、群島基線内の陸地を加えた全面積の二分の一以上、十分の九以下でなければならないということであろう。

Ⅲ-A-4-2-1-2-2　基線の長さ

　《群島基線の長さは、100海里を超えてはならない。ただし、いずれの群島についても、これを取り囲む基線の総数の3パーセント

までについて、最大の長さを125海里までにすることができる》(同2項)。

Ⅲ-A-4-2-1-2-3　輪　郭

《群島基線は、群島の全般的な輪郭から著しく離れて引いてはならない》(同3項)。

Ⅲ-A-4-2-1-2-4　低潮高地との関係

《群島基線は、低潮高地との間に引いてはならない。ただし、恒久的に海面上にある灯台その他これに類する施設が低潮高地の上に建設されている場合及び低潮高地の全部又は一部が最も近い島から領海の幅を超えない距離にある場合は、この限りでない》(同4項)。この規定と47条1項の規定との関係については前述した。

Ⅲ-A-4-2-1-2-5　他国の領海との関係

《いずれの群島国も、他の国の領海を公海又は排他的経済水域から切り離すように群島基線の方法を適用してはならない》(同5項)。領海の直線基線に関しても、同趣旨の規定があった(7条6項)。

Ⅲ-A-4-2-1-3　領海等の幅の測定

《領海、接続水域、排他的経済水域及び大陸棚の幅は、前条の規定に従って引かれる群島基線から測定する》(48条)。通常の国家の場合は、領海、接続水域、排他的経済水域、大陸棚の幅は、領海の基線から測定するが、群島国の場合は群島基線から測定する。

Ⅲ-A-4-2-2　内水の境界画定

《群島国は、その群島水域において、第9条［河口］から第11条［港］までの規定に従って内水の境界画定のための閉鎖線を引くことができる》(50条)。

この直線の閉鎖線は、群島国の場合、いうまでもなく領海の基線ではない。それは単に内水と群島水域との境界線である。従ってこの閉鎖線は群島水域の内側の限界となる。内水と同様に群島水域は、一般にはその内側の限界線は問題とならないが、この場合にはそれが問題となり得る。この閉鎖線の内側の水域は内水である。従って群島国の場合も内水は存在し得る。

Ⅲ-A-4-2-3　群島基線の表示

47条に従って引かれた群島基線は適当な縮尺の海図に表示する（測地原子を明示した各点の地理経緯度の表をもってこれに代えることができる）(47条8項)。群島国はこの海図（または経緯度の表）を適当に公表する。またこの海図（または表）の写しを国連事務総長に寄託する (47条9項)。

Ⅲ-A-4-3　群島水域の法的性質

上述のように50条によって引かれる閉鎖線の内側の水域は内水であるから、その閉鎖線の外側の群島水域は内水ではない。48条により群島国の領海は群島基線から測定されるから、群島水域は領海でもない。従って、群島水域は1982年条約によって群島国に認められる内水でも領海でもない新しい国家管轄水域（国家の管轄権が及ぶ水域）である。

Ⅲ　沿岸国の領域管轄権が及ぶ海洋

Ⅲ-A-4-4　群島水域の法的地位

Ⅲ-A-4-4-1　群島国の権能—主権—

《群島国の主権は、第47条の規定に従って引かれる群島基線により取り囲まれる水域で群島水域といわれるもの（水深又は沿岸からの距離を問わない。）に及ぶ》（49条1項）。

《群島国の主権は、群島水域の上空、群島水域の海底及びその下並びにこれらの資源に及ぶ》（同2項）。

群島水域空間には群島国の主権が及ぶ。群島水域は、国家の主権の及ぶ領域の内側の水域として、当然に群島国の主権が及ぶ。すでに領海に関する2条は次のように規定していた。《沿岸国の主権は、その領土若しくは内水又は群島国の場合にはその群島水域に接続する水域で領海といわれるものに及ぶ》。

Ⅲ-A-4-4-2　外国の使用の自由—通航制度—

群島国の群島水域における主権は、第Ⅳ部［群島国］の規定に従って行使される（49条3項）。群島水域における群島国の主権の行使は、なによりもまずそこにおいて認められる外国船舶等の通航制度に関する規定によって制限される（その他47条6項、51条後述）。

Ⅲ-A-4-4-2-1　無　害　通　航

群島水域の通航に関しては、まず第一に船舶に関して領海の無害通航の制度が適用される。

《すべての国の船舶は、……第Ⅱ部第3節［領海における無害通

海洋国際法入門

航] の規定により群島水域において無害通航権を有する》(52条1項)。

無害通航の制度が適用されるわけだから、群島国は群島水域の特定の区域において通航を一時的に停止することができる。

《群島国は、自国の安全の保護のため不可欠である場合には、その群島水域内の特定の水域において、外国船舶の間に法律上又は事実上の差別を設けることなく、外国船舶の無害通航を一時的に停止することができる。このような停止は、適当な方法で公表された後においてのみ、効力を有する》(52条2項)。

潜水船に関して領海における20条のような規定はないが、群島水域においても無害通航として浮上航行が要求されるだろう。また無害通航であるから航空機の上空飛行は含まれない。

Ⅲ-A-4-4-2-2　群島航路帯通航 (archipelagic sea lanes passage, passage archipélagique)

群島水域の通航に関して、第二に群島航路帯通航(仏文では単に群島通航)が問題となる。群島航路帯通航は以下に見るように国際海峡の通過通航に準ずるものである。

Ⅲ-A-4-4-2-2-1　群島航路帯通航の定義

《群島航路帯通航とは、この条約に従い、公海又は排他的経済水域の一部分と公海又は排他的経済水域の他の部分との間において、通常の形態での航行及び上空飛行の権利が継続的な、迅速なかつ妨げられることのない通過のためにのみに行使されることをいう》(53条3項)。

第一に群島航路帯通航は、通過通航と同様に、公海または排他的

Ⅲ 沿岸国の領域管轄権が及ぶ海洋

経済水域の一部分(仏文では一つの点)と公海または排他的経済水域の他の部分(他の点)との間の水域に認められる通航である。ただ通過通航の場合は、その水域は領海としての国際海峡であるが、群島航路帯通航の場合は、群島水域及び隣接する領海である。

第二に群島航路帯通航は、通過通航の場合と同様に、船舶の航行だけではなく航空機の上空飛行も含まれる。

第三に群島航路帯通航は、通過通航と同様に、継続的かつ迅速な通過の目的のみのものでなければならない。

Ⅲ-A-4-4-2-2-2 群島航路帯通航のルート

群島航路帯通航が認められるルート(つまり群島航路帯(archipelagic sea lane)及び航空路)は群島国が指定することができる。

《群島国は、自国の群島水域、これに接続する領海及びそれらの上空における外国の船舶及び航空機の継続的かつ迅速な通航に適した航路帯及びその上空における航空路を指定することができる》(53条1項)。

しかしこの群島航路帯通航のルートはすべての通常の国際航路を含まなければならない。

《1の航路帯及び航空路は、群島水域及びこれに接続する領海を貫通するものとし、これらの航路帯及び航空路には、群島水域又はその上空飛行における国際航行又は飛行に通常使用されているすべての通航のための航路及び船舶に関してはその航路に係るすべての通常の航行のための水路を含める。……》(53条4項)。

群島航路帯通航のルートは、入口の点から出口の点に至る中心線によって定められる。

《1の航路帯及び航空路は、通航のための航路の入口の点から出

口の点までの一連の連続する中心線によって定める》(53条5項)。

群島航路帯のルートの指定は群島国が行うことができるが、この指定にあたって「権限のある国際機関」が関与する。

《群島国は、航路帯の指定……を行うに当たり、これらの採択のための提案を権限のある国際機関に行う。当該権限のある国際機関は、当該群島国が同意する航路帯……のみを採択することができるものとし、当該群島国は、その採択の後にそれに従って航路帯の指定……を行うことができる》(53条9項)。

インドネシア（1985に国連海洋法条約批准）は、南北に走る3本の群島航路帯（西の航路帯はスンダ海峡を通り、真ん中の航路帯はロンボク海峡を通り、東の航路帯はモルッカ諸島の西で南に向かって3本に枝分かれし、それぞれインド洋、チモール海、アラフラ海へ通ずる）を指定し1996年に「権限ある国際機関」である国際海事機構（IMO）に提案した。1998年にIMOはインドネシアの提案を採択した。かくしてインドネシアは、国連海洋法条約に基づいてIMOに群島航路帯を提案し、国際的承認を獲得した最初の群島国となった。

Ⅲ-A-4-4-2-2-3　外国船舶・航空機の権利義務

Ⅲ-A-4-4-2-2-3-1　外国船舶・航空機の権利―群島航路帯通航権（right of archipelagic sea lanes passage, droit de passage archipélagique）―

群島国の指定する群島航路帯通航の航路帯及び航空路においてすべての船舶及び航空機は群島航路帯通航権を有する。

《すべての船舶及び航空機は、1の航路帯及び航空路において群島航路帯通航権を享受する》(53条2項)。

Ⅲ 沿岸国の領域管轄権が及ぶ海洋

しかし53条12項には次のような規定がある。

《群島国が航路帯又は航空路を指定しない場合には、群島航路帯通航権は、通常国際航行に使用されている航路において行使することができる》。

群島国は群島航路帯通航の航路の指定に当たって、通常国際航行に使用されているすべての航路を含めなければならないが（53条4項）、そのような航路について群島国が指定しない場合にも、外国船舶・航空機は群島航路帯通航権を有する旨が規定されている。

第三次国連海洋法会議の交渉の過程において、先進海洋国が群島水域の観念を認める代償として群島国側の譲歩を勝ちとった規定と思われる。通常国際航行に使用されている航路か否かをめぐって、群島国と群島水域利用国との意見の対立が予想される。現にインドネシアの群島水域に関し、まだ同国の提案が国際海事機構に提出される前の段階であるが、同国が予定する南北の3ルートに対し、アメリカは東西のルートも設定するよう要望した。

Ⅲ-A-4-4-2-2-3-2　外国船舶・航空機の義務

群島航路帯通航を行っている外国船舶・航空機は、国際海峡の通過通航に係わる39条、40条、42条（4項）の義務に服するほか（54条）、群島航路帯のルートの中心線から一定の範囲内で通航しなければならない。

《……群島航路帯を通航中の船舶及び航空機は、これらの中心線［航路の中心線］のいずれの側についても25海里を超えて離れて通航してはならない。ただし、その船舶及び航空機は、航路帯を挟んで向かい合っている島と島とを結ぶ最短距離の10パーセントの距離よりも海岸に近づいて航行してはならない》（53条5項）。

前に見たように群島基線は原則として100海里を越えてはならないから（47条2項）、島と島の間の距離も原則として100海里以下である。島と島との真ん中を群島航路帯が通る場合、島と島との距離が62.5キロメートル以上の場合は25海里規則が、それ以下の場合は10パーセント規則が適用されるということになる。

国際海事機構は1999年に群島国の群島水域を通航する船舶に対するガイダンスを作成し、関係者がこのガイダンスに注意を払うよう加盟国政府に要請した。

Ⅲ-A-4-4-2-2-4　群島国の権利義務

群島航路帯通航に係わる群島国の権利義務として、通過通航制度が適用される国際海峡の沿岸国に係わる42条、44条の規定が準用される（54条）。従って、群島航路帯通航も停止してはならない。

Ⅲ-A-4-4-2-2-5　領海と群島水域の通航制度

以上のことから次のようにいうことができるであろう。群島水域は、位置的には内水と領海の中間にある水域であるが、主権水域である点において領海と同一である。

群島水域は、その通航制度に関しては、一般的には通常の領海の無害通航制度が適用される。群島水域の中の国際航路に関しては国際海峡の通過通航の制度が適用される。

領海の場合に国際海峡を含むことがあるのと同様に、群島水域には国際航路（国際海峡も含めて）を含むことがある。そこで領海の場合、一般の領海に無害通航が、国際海峡としての領海に通過通航の制度が適用されると同様に、群島水域の場合にも、一般の群島水域には無害通航が、そして群島水域の中の国際航路については、群

Ⅲ 沿岸国の領域管轄権が及ぶ海洋

島航路帯通航として国際海峡の通過通航の制度が準用される。

Ⅲ-A-4-4-3　伝統的な漁業権等の尊重

《群島国は、第49条の規定の適用を妨げることなく、他の国との既存の協定を尊重するものとし、また、群島水域内の一定の水域における自国に隣接する国の伝統的な漁獲の権利及び他の適法な活動を認めるものとする。……》(51条1項)。

《群島国は、他の国により敷設された既設の海底電線であって、陸地に接することなく自国の水域を通っているものを尊重するものとし、……》(同2項)。

《群島国の群島水域の一部が隣接する国 [単数形] の [領土の] 二の部分の間にある場合には、当該隣接する国が、当該群島水域の一部で伝統的に行使している現行の権利及び他のすべての適法な利益並びにこれらの国の間の合意により定められているすべての権利は、存続しかつ尊重される》(47条6項)。

47条6項の規定は、小田氏も指摘しているように、「むしろ第51条に挿入されて然るべきものである」。しかし47条全体の提案の由来及び51条の提案の由来からこのようになった (小田『注解』、p.166)。具体例として、マレーシア本土とボルネオ島の一部のサラワク (マレーシア領) の間にインドネシアのナフナ諸島、アンナバス諸島を含むインドネシアの群島水域が張り出していることがあげられる (小田『注解』p.167)。

51条、47条6項の規定は、通航制度と共に群島国の主権の行使に制約を加えるものといえる。これらの規定が、「群島水域の法的地位を領海のそれとは異ならしめているのであって、領海よりはこの分だけ沿岸国権限が弱くなっているとみることが出来る」(小田

『注解』p. 170)。

Ⅲ-B 沿岸国の限定された領域管轄権が及ぶ海洋

Ⅲ-B-1 接続水域 (Contiguous zone, Zone contiguë)

Ⅲ-B-1-1 接続水域と海洋法条約

18世紀以来、若干の国が領海の限界を越えて外国船に対し関税、衛生等の分野で規制を行うようになった。それに対して公海自由の名のもとに抗議がなされた。アメリカは、禁酒法時代 (1919～1933) に一連の二国間条約を結んで、条約に基づいて、酒類の密輸入に対処するため、領海外で外国密輸船に対し規制を行った。そのような実行が広がっていった。

そこで公海自由の稀薄化を避けるため、そのような規制は基線から一定の距離を越えては行使されるべきではないと考えられるようになり、そのような規制が認められる領海に接続する一定の幅の公海の水域、すなわち接続水域の観念が生まれてくる。

この観念は、1930年の国際法法典化会議でとり上げられた。この会議の数年後、ジデルは、「接続水域とは、領海の外側の限界を超えて沖の方に一定の距離に広がる海洋空間であって、そこにおいて沿岸国が外国船舶に対して一定の目的に厳格に限定された権能を有する空間である」と定義した (Gidel, op. cit., I. 1934, p.361)。

接続水域は、1958年の「領海及び接続水域に関する条約」によって、実定法上の制度として結実した (24条)。1982年国連海洋法条約もそれを踏襲した (33条)。

なお日本は1996年の国連海洋法条約の批准に伴う領海法の改正によって、新しく基線から24海里の接続水域を設定した。

Ⅲ-B-1-2　接続水域の範囲

　1958年の領海条約は、領海の幅についての規定を欠いていたが、接続水域については、《基線から12海里をこえて拡張することができない》と規定していた（24条2項）。1982年条約では領海が12海里となったため、12海里の接続水域は存在価値を失った。しかし1982年条約は《接続水域は、領海の幅を測定するための基線から24海里を超えて拡張することができない》と規定し（33条2項）、接続水域の制度を維持した。

　2000年現在で海岸を有する国およそ150ヵ国のうち、およそ60ヵ国が24海里の接続水域をとっている。その他に24海里以下ないし以上の接続水域をとる国が若干存在する。

　なお1958年の海洋法条約においては、海洋の基本的区分として領海の外は公海であり、従って接続水域を設定した場合、それは「領海に接続する公海上の区域」（領海条約24条1項）であったが、1982年の国連海洋法条約では海洋の基本的区分として排他的経済水域が加わり、従って同水域を設定しかつ接続水域を設定する国の場合は、接続水域は領海に接続する排他的経済水域の一部となる。

　排他的経済水域を設定しない国が接続水域を設定する場合は、接続水域は1958年条約の場合と同様、条約上、それは領海に接続する公海の一部である。ただこのテキストでは大陸棚空間を沿岸国の管轄権の及ぶ空間として捉えているので、その考え方に立つと、排他的経済水域を採らない国の場合、接続水域はその国の領海に接続する大陸棚空間の一部分ということになる。

III 沿岸国の領域管轄権が及ぶ海洋

III-B-1-3 接続水域の法的地位

III-B-1-3-1 沿岸国の権能

《沿岸国は、自国の領海に接続する水域で接続水域といわれるものにおいて、次のことに必要な規制を行うことができる。
(a) 自国の領土又は領海内における通関上、財政上、出入国管理上又は衛生上の法令の違反を防止すること。
(b) 自国の領土又は領海内で行われた(a)の法令の違反を処罰すること》(33条1項)。

接続水域における沿岸国の権能に関するこの33条1項の規定に関し、まず次の点を指摘することができる。2条や86条が海洋の基本的区分として内水を挙げているのに対し、ここでは「自国の領土又は領海内」とのみあって内水を挙げていない。しかし内水を排除する意図があるとは考えられないから、当然内水を含めて理解すべきであろう。その場合、内水が領土または領海に含まれていると解せざるを得ないだろう。

一般的にいえば、領海は調整された主権の及ぶ水域であり、内水は領土と同様に沿岸国の完全な主権が及ぶ水域であるから（III-A-1-4-3)、内水は領土に含めて理解すべきであろう。

ただ直線基線を採用する場合に、広い範囲にわたって沿岸海が内水となることがあり、そして前に見たように、直線基線採用以前には内水でなかった水域を内水とする場合には、そこにおいては領海同様の外国船舶の無害通航権が存続することになる（8条2項)。そういった点を考慮すれば、内水を領土に含めることは無理な場合もあり、その場合は内水は領海に含めて考えざるを得ないだろう。

そうだとすればここでいう領海は、わが国において内水と領海を合わせて領水といわれることがある場合の領水の意味で用いられていると見ることができる。或いはここでいう領海は内水を含む広義の領海の意味で用いられているということができる。そのように見た場合、33条の領海の語は、2条や86条における領海とは異なった意味で用いられているということになる。

次に33条1項の規定の内容であるが、それは次のように言い換えることができるだろう。沿岸国は、自国の領土、内水または領海内における通関上、財政上、出入国管理上または衛生上の法令の違反の防止または処罰のために必要な規制を、接続水域において行うことができる。

防止の場合における規制権の行使は、沿岸国の主権の及ぶ空間内で、上記四つの事項に係わる法令のいずれかに対する違反がまだ行われていないが、そのような違反を未然に防止するためであり、処罰の場合における規制権の行使は、主権空間内で実際に行われたそのような違反を処罰するためである。

そのような目的で、沿岸国は接続水域において必要な規制を行うことができる。もちろん外国船舶に対して規制を行うことができるということである。

Ⅲ-B-1-3-1-1　接続水域における沿岸国の規制権

上記のような目的で沿岸国は接続水域において規制権を行使することができるが、この規制権に関して第一に規制権の行使の条件が、第二に規制権の内容すなわち規制権の行使としてどのような措置をとり得るかが問題になる。

第一の接続水域における沿岸国の規制権の行使の条件は、沿岸国

Ⅲ 沿岸国の領域管轄権が及ぶ海洋

の主権空間内における四つの事項に係わる沿岸国の法令の違反であることについては、規定上疑問の余地はない。ただ防止の場合は、そのような法令違反がまだ行われていないわけだから、予想されるそのような法令違反についてどう判断するかの問題がある。しかしこの場合も、規制権行使の条件は沿岸国の主権空間内における、予想される四つの事項に関わる沿岸国の法令違反であることに変わりはない。

　第二の接続水域において規制権の行使としてとり得る措置については、条約上具体的な規定はない。ただ接続水域における規制権の行使と同様に領海外における沿岸国の規制権の行使として、沿岸国に認められる<u>追跡権</u>の制度がある（111条）。この追跡権は、後述するように、公海における旗国の排他的管轄権の原則の例外として、伝統的に認められてきたものである。この追跡権に関しては、条約上、追跡権の行使として沿岸国がとり得る具体的措置について、間接的ながら規定されている。接続水域における規制権の行使として沿岸国がとり得る措置に関して、追跡権の制度が若干の示唆を与えるように思われる。

　なお接続水域の海底からの考古学上のまたは歴史的な物の持ち去りに対して、接続水域の制度を適用する旨の規定があり（303条2項）、また追跡権の規定を排他的経済水域または大陸棚空間にも適用するという規定がある（111条2項）。これらの規定をも視野に入れて、接続水域の制度を検討する。

Ⅲ-B-1-3-1-2　追跡権と接続水域における沿岸国の規制権との関係

　1982年条約第Ⅶ部「公海」の111条は追跡権（いわゆる継続追跡

権)について規定している。

《沿岸国の権限のある当局は、外国船舶が自国の法令に違反したと信ずるに足りる十分な理由があるときは、当該外国船舶の追跡を行うことができる。この追跡は、外国船舶又はそのボートが追跡国の内水、群島水域、領海又は接続水域にある時に開始しなければならず、また、中断されない限り、領海又は接続水域の外において引き続き行うことができる。領海又は接続水域にある外国船舶が停船命令を受ける時に、その命令を発する船舶も同様に領海又は接続水域にあることは必要でない。外国船舶が第33条に定める接続水域にあるときは、追跡は、当該接続水域の設定によって保護しようとする権利の侵害があった場合に限り、行うことができる》(111条1項)。

追跡権の制度は、海洋の基本的区分として内水、領海、公海の三区分が問題であったときに、沿岸国の利益を保護するために、沿岸国の主権水域内において沿岸国の法令に違反した外国船舶に対し、主権水域内から追跡を開始しかつ追跡が中断されないという条件で、その追跡を公海にまで継続することを認めるという制度であった。公海においては旗国の排他的管轄権の原則（後述）が適用されるが、追跡権の制度はこの原則の例外として認められた。

接続水域の制度の設立に伴って、追跡権の制度を接続水域にも適用した。沿岸国の法令に違反した外国船舶が接続水域内にあるときも、接続水域からでも追跡を開始することができることを認めた。ただし上記111条1項の最終段落がいうように、接続水域からの追跡は、《接続水域の設定によって保護しようとする権利の侵害があった場合に限り、行うことができる》。換言すれば、通関上、財政上、出入国管理上または衛生上の法令に違反した場合に限り追跡

Ⅲ　沿岸国の領域管轄権が及ぶ海洋

を行うことができる。そのような法令違反の場所については明示されていないが、同一条約内にある二つの規定（33条1項と111条1項）を統一的に解釈しようとすれば、接続水域に関する33条1項の規定から、この場合も法令違反の場所は主権水域内であると解すべきだろう。四つの事項に関わる沿岸国の法令は、接続水域には及んでいないという考え方を前提としていると思われる。

　接続水域の制度は、もともと、外国船舶による沿岸国の主権空間内における条約所定の四つの事項に関わる法令の違反を防止するため、及び処罰するため、領海の外、そして公海の一部である接続水域において沿岸国による規制権の行使を認める制度である。

　<u>接続水域からの追跡権</u>の制度は、外国船舶による沿岸国の主権空間内における条約所定の四つの事項に係わる法令の違反を<u>処罰</u>するため、沿岸国の主権空間内において関係法令に違反した外国船舶が、領海外ではあるが接続水域内にいる場合でも、その外国船舶に対し、接続水域からでも同水域外への沿岸国による追跡権を認める制度である。

　<u>接続水域における沿岸国の規制権</u>には、主権空間内における関連法令違反を<u>処罰</u>するための規制権のほかに、それを<u>防止</u>するための規制権も含まれるが、少なくとも関連法令違反を<u>処罰</u>するための規制権の中に接続水域からの追跡権が含まれることは、111条1項の最終段落から見ても明らかであろう。

　接続水域からの追跡権を含めて、追跡権が具体的にどのような措置を含むかは、少なくとも直接的には規定されていない。しかし111条6、7、8項は、被追跡船を停船させる権利、拿捕する権利、審理のため沿岸国の港に護送する権利などが追跡権に含まれることを間接的ながら指摘している。

海洋国際法入門

　従って接続水域における規制権の中の、関連法令の違反を処罰するための権能の中に、接続水域からの追跡権が含まれ、その追跡権の中に、これらの権利が含まれるということができるだろう。

　違反防止のための権能をも含む接続水域における沿岸国の規制権の行使として、具体的にどのような措置を含むかは明らかではないが、追跡権の規定との関連で、少なくとも沿岸国の主権空間内において関連法令に違反した外国船舶を処罰するための権能の中に、接続水域から同水域外への追跡権が含まれているということはできるだろう。そのことから接続水域における沿岸国の規制権の行使として、違反船舶を停船させる措置、拿捕する措置、審理のため沿岸国の港に護送する措置などが含まれているということはできるだろう。

Ⅲ-B-1-3-1-3　接続水域海底からの考古学上のまたは歴史的な物の持ち去りに対する沿岸国の規制権

　接続水域における規制権の行使の条件に関わる問題に関連して、接続水域海底からの考古学上のまたは歴史的な物の持ち去りに対する沿岸国の規制権の問題がある。

　第ⅩⅥ部「一般規定」の303条は、次のように規定している。

　《いずれの国も、海洋において発見された考古学上の又は歴史的な特質を有する物を保護する義務を有し、このために協力する》（1項）。

　《沿岸国は、1に規定する物の取引を規制するため、第33条の規定の適用に当たり、自国の承認なしに同条に規定する水域の海底からこれらの物を持ち去ることが同条に規定する法令の自国の領土又は領海内における違反となると推定することができる》（2項）。

　2項の規定から、沿岸国は自国の接続水域において、その海底か

Ⅲ　沿岸国の領域管轄権が及ぶ海洋

ら海底考古学的遺物や古代の沈船などの考古学上のまたは歴史的な物を沿岸国の承認なしに持ち去る外国船舶に対し、接続水域において沿岸国に認められる規制権を行使することができる。この場合、外国船舶が行った行為は考古学上のまたは歴史的な物の持ち去りという行為であり、そのような行為が行われたのは、接続水域の空間内である。それにもかかわらず沿岸国は接続水域において規制権を行使し得ることを303条2項は認めている。

接続水域に関する33条の規定は、接続水域における沿岸国の規制権行使の条件が、沿岸国の主権空間内における通関上、財政上、出入国管理上または衛生上の沿岸国法令の違反であることを明示している。

303条2項に基づく接続水域における規制権の行使は、従って、二重の擬制（フィクション）の上に成り立っている。すなわち第一に、考古学上のまたは歴史的な物の持ち去りという行為が接続水域空間内において行われたにもかかわらず、それを主権空間内において行われたとみなす。第二に、考古学上のまたは歴史的な物の持ち去りという行為にもかかわらず、それを通関上、財政上、出入国管理上または衛生上の法令の違反とみなす。

そのようにみなすことによって、接続水域において考古学上のまたは歴史的な物を持ち去る外国船舶が、33条1項に規定する接続水域における沿岸国の規制権、たとえば接続水域からの追跡権の対象とされる。

国連海洋法条約は、海洋における考古学上または歴史的な物の保護について規定し、領海を越える一定範囲の水域においてそのような物を持ち去る船舶に対して、たとえそれが外国船舶であっても、それを取締まる権能を沿岸国に与えている。ただ同条約は、そのた

めの新規の権能を沿岸国に与えることなく、取締りの及ぶ範囲を接続水域の外側の限界までとし、接続水域の制度—1958年の領海及び接続水域に関する条約によって法典化され、1982年条約によって引継がれた—を援用することによって、接続水域における沿岸国の規制権をもって、そのような取締りを行おうとしている。そのためそのような取締りの権能の行使に、上記のような二重の擬制を必要とした。

Ⅲ-B-1-3-1-4　排他的経済水域または大陸棚における追跡権との比較

33条は、沿岸国の主権空間内において行われた関係法令の違反に対して、沿岸国がその主権空間外の接続水域において規制権—例えば追跡権—を行使することを認めている。303条は沿岸国の接続水域内において行われた一定の行為に対して、沿岸国が接続水域内において規制権—例えば追跡権—を行使することを認めている。ただ303条の場合、その行為が沿岸国の主権空間内で行われたものとみなした上で、かつその行為が33条1項に規定する沿岸国の関係法令のいずれかの違反であるとみなした上で、接続水域における規制権の行使を認めている。従って33条の場合も303条の場合も、主権空間内における関係法令の違反を、接続水域における沿岸国の規制権—例えば追跡権—の行使の条件としているということができる。

国連海洋法条約は、排他的経済水域の新設に伴い、追跡権の制度をこの新設の国家管轄水域にも準用している。

《追跡権については、排他的経済水域又は大陸棚（大陸棚上の施設の周囲の安全区域を含む。）において、この条約に従いその排他的経

III 沿岸国の領域管轄権が及ぶ海洋

済水域又は大陸棚（当該安全区域を含む。）に適用される沿岸国の法令の違反がある場合に準用する》（111条2項）。

　排他的経済水域には、後で見るように、沿岸国の事項的に限定された領域管轄権が及ぶ。換言すれば、沿岸国はそこにおいて、1982年条約所定の事項に係わる立法的管轄権及び執行的管轄権を有する。すなわち沿岸国は、条約所定の事項に係わる法令を制定し、それを排他的経済水域に適用することができ、また排他的経済水域においてそれを執行すること、すなわちそのような法令の遵守を確保するために必要な措置をとること、ができる（73条）。

　排他的経済水域は、領海のように沿岸国の一般的な法令が適用される空間ではないが、条約所定の事項に係わる部分的な法令が適用される空間である。そこで領海からの追跡権の制度を排他的経済水域に準用する場合に、沿岸国の法令が適用されない空間である接続水域への追跡権の準用の場合と異なり、関係法令違反の場所を主権空間内に限る必要はない。排他的経済水域からの追跡権の場合は、同水域に適用される沿岸国の関係法令の遵守確保を目的として、同水域における関係法令の違反を処罰するために、同水域から追跡権を行使することができる。

　追跡権はまた、大陸棚に適用される沿岸国の法令の、大陸棚において行われる違反に適用される。大陸棚の場合、追跡権の対象となる法令違反は、実際には大陸棚上部水域（大陸棚上の施設の周囲の安全水域を当然に含む）において行われるであろう。従って条約が大陸棚を「海底及びその下」と定義する以上（76条1項）、追跡権に関する111条2項は、「大陸棚において」ではなく「大陸棚上部水域において」と規定さるべきであろう（小田『注解』上 p.306）。

　ともかく排他的経済水域または大陸棚上部水域における沿岸国の

追跡権行使の条件は、これらの水域に適用される関係法令の、これらの水域内において行われる違反そのものである。これらの水域内に条約所定の事項に係わる沿岸国の法令が適用されていることを前提としている。それらの法令のこれらの水域内における外国船舶による違反が追跡権行使の条件である。

接続水域における追跡権の行使も、排他的経済水域または大陸棚上部水域における追跡権の行使も、いずれも主権水域外における権能の行使であるという点において共通するが、接続水域における権能の行使の条件は、主権水域内における沿岸国の関係法令の違反ないしその推定であるとされるのに対し、排他的経済水域または大陸棚上部水域における追跡権の行使は、主権水域外ではあるが沿岸国の関係法令が適用されるこれらの水域内におけるそれらの関係法令の違反そのものを条件としている点において異なる。

Ⅲ-B-1-3-1-5　接続水域制度の一つの理解

従来、沿岸国の法令は海洋に関し領海の外側の限界まで適用されるとした（沿岸国の立法的管轄権及び執行的管轄権は領海の外側の限界まで及ぶといってもよい）。沿岸国の法令の遵守を確保するために、領海内において沿岸国の法令に違反した外国船舶に対して、領海内から追跡を開始して領海を越えて公海にまでその追跡を継続することを許す追跡権の制度が認められるようになる。さらに沿岸国の法令の遵守をよりよく確保するために、一定の事項に関する法令に限るけれども、領海内においてそのような法令に違反した外国船舶に対しては、その船舶が領海外にいても、領海外の一定の範囲内―接続水域内―にいる場合には、そこにおける規制権の行使、例えばそこからの追跡権の開始を認めるという制度が考えられた。それが

Ⅲ　沿岸国の領域管轄権が及ぶ海洋

33条の定める接続水域の制度の基本的な部分を構成するといえるだろう。

　要するに33条の接続水域の制度は、沿岸国の法令は領海の外側の限界までしか適用されないということを前提にした上で、領海外の一定の水域に沿岸国の権能を及ぼそうとする制度である。そのこともあって接続水域において沿岸国が行使し得るとされる権能（警察的権能といわれるが）の内容について常に不明確さが伴う。

　303条は沿岸国の法令が及ばないとされる接続水域において行われる特殊な行為に、接続水域の制度を準用しようとしたために、上記のように二重の擬制を用いなければならなかった。

　大陸棚及び排他的経済水域の制度は、事項的に限定されるが条約所定の事項に関する沿岸国の法令の領海外の一定空間—排他的経済水域及び大陸棚空間—への適用を伴う。111条2項の規定する排他的経済水域または大陸棚上部水域における追跡権の制度は、このような領海外の一定空間への沿岸国の法令の適用—立法的管轄権の行使—を前提とした制度である。

　33条1項の規定を文字通りに解する限り、沿岸国の通関上、財政上、出入国管理上または衛生上の法令の接続水域内における違反に関して、沿岸国は接続水域において規制権を行使することは認められない。

　しかし今日、沿岸国の法令が海洋に関し空間的にも一定範囲の領海外に適用されることについて問題はない。だとすれば接続水域を、領海外において少なくとも通関、財政、出入国管理及び衛生の四つの事項に関する法令の適用される空間として、そこにおけるこれらの法令の違反そのものに関し、沿岸国の規制権の行使を認めるとしても、33条の規定の厳格な解釈としては問題はあるが、実際上問

題はないであろう。接続水域が現在では領海に接続する公海の水域ではなく、沿岸国の関係法令の及ぶ排他的経済水域の一部分ないしは大陸棚空間の一部分（排他的経済水域を設定しない国の場合）でもあるということからも、接続水域の制度のそのような理解に大きな支障はないであろう。

　接続水域の制度をそのように理解したとしても、そこにおける沿岸国の規制権の内容すなわち規制権の行使としてどのような措置をとり得るか、は依然として具体的には明らかになるわけではないが、そのように理解した場合、少なくとも条約所定の四つの事項に関し、領海において沿岸国に認められる規制権の内容と同一のものが接続水域においても認められるといい得るであろう。

Ⅲ-B-1-3-2　外国の使用の自由

　1958年の領海条約においては、接続水域は《領海に接続する公海上の区域》であった（24条1項）。そこで接続水域における外国の使用の自由は、沿岸国に認められる特殊な権能を留保して、公海における使用の自由と同一である。

　1982年条約においては、接続水域は《領海に接続する水域》として、排他的経済水域を設定する国の場合は同水域の一部分となる。従って接続水域における外国の使用の自由は、同じく沿岸国に認められる特殊な権能を留保して、排他的経済水域における外国の使用の自由と同一である。排他的経済水域を設定しない国の場合は、条約上は接続水域は公海の一部分となるので、同水域における外国の使用の自由は、1958年条約の場合と同様、沿岸国に認められる特殊な権能を留保して、公海における使用の自由と同一であるということになる。

Ⅲ 沿岸国の領域管轄権が及ぶ海洋

ただし公海の一部分といっても、そこは大陸棚制度が適用される大陸棚空間の一部分である。従って、この場合、接続水域における外国の使用の自由は、沿岸国に認められる特殊な権能を留保して、大陸棚空間における外国の使用の自由と同一であるというべきであろう。

公海、排他的経済水域及び大陸棚空間における外国の使用の自由については、公海、排他的経済水域及び大陸棚のところで述べるが、1958年の公海条約の規定する公海の使用の自由には、α) 航行の自由、β) 漁獲の自由、γ) 海底電線及び海底パイプライン敷設の自由、δ) 上空飛行の自由、が含まれる。1982年条約では上の四つの自由のほかに、人工島その他を建設する自由、科学的調査の自由の二つが加えられている。

1982年条約によって排他的経済水域において外国に認められる使用の自由は、同条約によって公海において認められる六つの自由のうちの三つ、上記のα)、γ)、δ) である。接続水域が排他的経済水域の一部である以上、β) は当然に認められない。

また1982年条約によって大陸棚空間において外国に認められる使用の自由は、六つの自由のうち1958年公海条約のあげる四つの自由である。排他的経済水域を設定しない国の接続水域に認められる外国の使用の自由は、この四つの自由である。

1982年条約によって加えられた二つの自由は、接続水域が排他的経済水域の一部分である場合も大陸棚空間の一部分である場合も、認められない。排他的経済水域及び大陸棚空間においては、人工島その他の建設、海洋の科学的調査に関して沿岸国が排他的な権能を有する。

Ⅲ-B-2 排他的経済水域 (Exclusive economic zone, EEZ, Zone économique exclusive)

Ⅲ-B-2-1 排他的経済水域と海洋法条約

　排他的経済水域は、1982年の国連海洋法条約において新しく登場した海洋の区分であり、基線から200海里の区域である。この200海里という数字は第二次世界大戦後すぐに現れる。その辺の事情についてデュピュイ及びヴィーニュ編の『新海洋法概説』(R.J. Dupuy et D. Vignes, Traité du nouveau droit de la mer, 1985) は次のように述べている。

　「排他的経済水域の観念は、深海底と共に、新海洋法にみられる最大の革新である。この観念は200海里という聖なる数字にその基礎を持つ。この数字は1947年に現れる。この年、チリ、ペルー及びエクアドルはこの範囲の海を完全な主権下に置くことを主張した。大陸棚に対するトルーマン宣言 (1945年9月28日) の2年後、これら太平洋三国は、大陸棚欠如という地理上の不平等の是正をはかろうとしたのである。数世紀来の平等実現のための運動は、人間が作り出す、そして社会の悪い組織の結果である不平等な社会的状況に対する戦いの段階を飛び越えて、自然が作り出す本源的な不平等の是正へとその戦いを広げていった。

　これらアンデス三国によって投じられた200海里という数字は科学的基礎を持っていた。この数字は生物資源の豊富なフンボルト海流への到達を可能にする。この200海里という数字が、それはもともと羨望の海流へのアクセスを可能にするという根拠を持っていたのであるが、それを離れて一つの観念力、ジョルジュ・ソレルがそ

Ⅲ　沿岸国の領域管轄権が及ぶ海洋

れを理解した意味における政治的神話となっていったということは、実に注目すべきことである。この数字は他の諸国をも大いに魅了した。同様な地理的条件にもなく、その国家水域の沖に類似の海流をも持たないにもかかわらず、多くの国がこの神聖化された数字の虜になっていった」(p. 242〜3)。

ほとんどすべてのラテン・アメリカ諸国が200海里水域を主張した。第三次国連海洋法会議の進行中、この動きは大部分の開発途上国に拡大し、さらに1976年のフランス、ソ連を初めとして、先進海洋国もこの動きに加わっていった。

ところで大陸棚欠如の地理的不平等の是正としての200海里水域の一般化は、自然の作り出す本源的不平等の是正をもたらしただろうか。

「事実、200海里経済水域の制度のもとに、この水域の全面積の半分は35国に帰属するのに対し、残りの半分は他の85沿岸国に分けられ、その中のあるものは極く僅かしか与えられていない。35国のうちの最も恵まれた6国（アメリカ、オーストラリア、インドネシア、ニュージーランド、カナダ、ソ連）だけで経済水域全体の40パーセントを占める。それは海全体の14パーセントに当たる。これら6国のうち4国（アメリカ、ソ連、カナダ、オーストラリア）はGNP上位10国の中に入っている。GNPのトップのアメリカは経済水域の第一の利益享受者である。GNP上位10国の経済水域は同水域全体の36.5パーセントを占めるのに対し、GNP最下位10国の経済水域が同水域全体の僅かに1.8パーセントを占めるに過ぎないということは注意すべきことである」(L. Lucchini et M. Voelckel, Les Etats et la mer, 1978, P. 77)。

最も恵まれた上の6国に日本を加えたいわゆるラッキーセブンが

排他的経済水域全面積の45パーセントを占めるといわれた。他の資料によれば、ラッキーセブンは、アメリカ、フランス、インドネシア、ニュージーランド、オーストラリア、ロシア、日本で、その200海里水域の面積はすべての国の200海里水域の面積の31パーセントであるという (R. R. Churchill and A. V. Lowe, The law of the sea, third edition, 1999, p. 178)。

いずれにしろ日本の200海里水域は世界7位で、その面積は上記チャーチル及びロウの資料によれば約386万平方キロメートル（ちなみに1位のアメリカは968万平方キロメートル）、海上保安庁によれば約405万平方キロメートル、日本の国土面積約38万平方キロメートルの10倍を超える。ちなみに世界全体の200海里水域は全海洋のおよそ36パーセントを占めるといわれる。

国連海洋法条約は第V部「排他的経済水域」として55〜75条の21ヵ条を定めた。現在およそ100ヵ国が200海里の排他的経済水域を設定している。国際司法裁判所は、1982年2月24日のチュニジア・リビア大陸棚事件の判決において、排他的経済水域を「現代国際法の一部を構成する」とみなし得ると判断した (ICJ Reports 1982, para. 100)。

なお、日本は国連海洋法条約の批准に際して (1996年)、「排他的経済水域及び大陸棚に関する法律」を制定し、原則として基線から200海里の排他的経済水域を設定した。（図4）

III 沿岸国の領域管轄権が及ぶ海洋

III-B-2-2 排他的経済水域の範囲

III-B-2-2-1 限 界

III-B-2-2-1-1 内側の限界

《排他的経済水域とは、領海に接続する水域であって、…》(55条)。従って、排他的経済水域の内側の限界は、領海の外側の限界である。

III-B-2-2-1-2 外側の限界

排他的経済水域の外側の限界については、領海の場合の4条のような規定はないが、領海の場合と同様であろう。すなわち排他的経済水域の外側の限界は、いずれの点をとっても基線上の最も近い点からの距離が、200海里に等しい線とする。もっとも群島国の場合は、その領海、接続水域は群島基線から測られるから、排他的経済水域の外側の限界も群島基線から測定される (48条)。

III-B-2-2-2 幅

《排他的経済水域は、領海の幅を測定するための基線から200海里を超えて拡張してはならない》(57条)。従って、領海の幅として12海里をとるとすれば、排他的経済水域の幅は最大限188海里である。ちなみに200海里は、およそ370キロメートルである。

2000年現在で海岸を有する国およそ150ヵ国のうち、200海里の排他的経済水域を設定している国はおよそ100ヵ国、その他に地理的位置の関係上200海里はとれないが、対岸国との関係で合意線な

いし中間線までの排他的経済水域を主張する国が若干存在する。

Ⅲ-B-2-2-3　境　界　画　定

排他的経済水域と公海との境界画定は、国連海洋法条約の規定に基づいて沿岸国が一方的に行うことができる。しかし向かい合っている国の間で排他的経済水域の主張が重なり合う場合には、両国の排他的経済水域の境界画定の問題が生ずる。また隣接している国の間でそれぞれの排他的経済水域の側面的な境界画定の問題が起こる。

このような国家間の排他的経済水域の境界画定について、国連海洋法条約74条1項は次のように規定する。

《向かい合っているか又は隣接している海岸を有する国の間における排他的経済水域の境界画定は、衡平な解決を達成するために、国際司法裁判所規程第38条に規定する国際法に基づいて、合意により行う》。

要するに、境界画定は衡平な解決に向けて、国際法に基づいて、合意により行わなければならないということである。排他的経済水域の境界画定について国家間に争いがある場合、それが国際法に基づき、関係国家間の交渉を通じて、合意によって解決されるべきであるということは当然のことであろう。そしてそのような解決が衡平な解決を目標とすべきこともいうまでもないことだろう。

この74条の規則は、この1項のみならず2、3、4項も含めて、排他的経済水域の境界画定に特有の規則というより、およそ国際紛争の解決一般に適用可能な規則であろう。排他的経済水域の境界画定は、国際法に基づき合意により行うと規定されているが、その場合、準拠すべき国際法の具体的規則が示されていない。排他的経済水域の境界画定の個々のケースにおいて、それがどのような規則に

Ⅲ　沿岸国の領域管轄権が及ぶ海洋

なるかは、今後の国家または国際裁判所の実行に委ねられているといえるだろう。

74条2項は、《関係国は、合理的な期間内に合意に達することができない場合には、第ⅩⅤ部［紛争の解決］に定める手続に付する》と規定し、同3項は、《関係国は、1の合意に達するまでの間》は、《暫定的な取極を締結するため》努力すると規定する。また同4項は、《関係国間において効力を有する合意がある場合》には、境界確定に関する問題は、《当該合意に従って解決する》と規定している。

排他的経済水域という観念は、後述のように海そのものだけでなくその海底及び地下もその上空も含む。従ってその境界線という場合、それは外側の限界線の場合と同様、海、海底、上空に共通の境界線ということであろう。

なお大陸棚の境界画定に関する規定（83条）も、この74条と基本的に同文である。この点については後で触れる。

Ⅲ-B-2-2-4　限界線、境界画定線の表示

排他的経済水域の外側の限界線及び境界画定線は、適当な海図に表示する（測地原子を明示した各地点の地理経緯度の表をもってこれに代えることもできる）（75条1項）。

沿岸国はこの海図（または地理経緯度の表）を適当に公表する。またこの海図（または表）の写しを国連事務総長に寄託する（同2項）。

Ⅲ-B-2-3　排他的経済水域の法的性質

《排他的経済水域とは、領海に接続する水域であって、この部の定める特別の法制度によるものをいう》（55条）。

海洋国際法入門

図4　日本の領海・排他的経済水域概念図

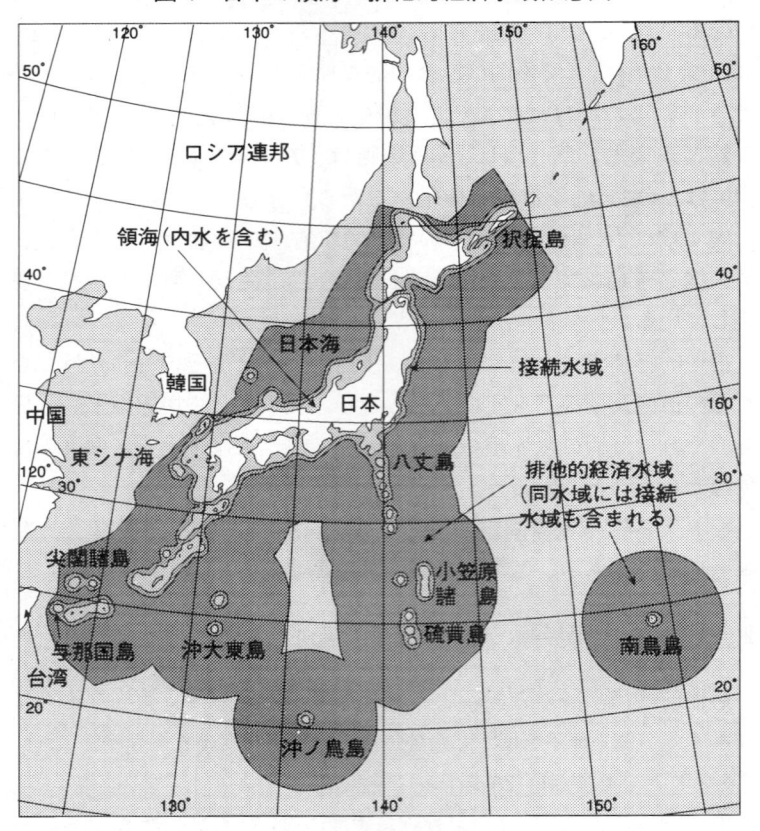

国土面積	約 38 万 km²
領海（含：内水）	約 43 万 km²
接続水域	約 32 万 km²
領海（含：内水）＋接続水域	約 74 万 km²
排他的経済水域	約 405 万 km²
領海（含：内水）＋排他的経済水域	約 447 万 km²

（海上保安庁海洋情報部）

(注) この国では内水と領海を分ける直線基線は示されていない。

Ⅲ　沿岸国の領域管轄権が及ぶ海洋

　領海には国連海洋法条約第Ⅱ部「領海及び接続水域」の1節から3節の定める法制度が適用され、公海には第Ⅶ部「公海」の定める法制度が完全な形で適用される。排他的経済水域は、領海の法制度でもまた公海の法制度でもない第Ⅴ部「排他的経済水域」の定める特別の法制度が適用される水域である。従って排他的経済水域は、領海からもまた公海からも区別される独自の（スイ・ゲネリス（sui generis））海洋の区分である。

　前に見たように群島水域は内水の法制度からも領海の法制度からも区別される特別の法制度が適用される独自の水域である。しかし群島水域は群島国の主権の及ぶ水域として内水及び領海と共通の性質を持つ。排他的経済水域も事項的に限定された形であるが沿岸国の領域管轄権が及ぶという点において、領海と共通の性格をもつ。しかし領海には主権（領域主権＝完全な領域管轄権）が及ぶのに対し、排他的経済水域には条約の定める一定の事項に限定される領域管轄権しか及ばない。この点において排他的経済水域は領海からはっきりと区別される。

　1958年の領海及び接続水域に関する条約は、接続水域を《領海に接続する公海上の区域》と規定して（24条1項）、接続水域を公海の一部とした。国連海洋法条約の接続水域も、排他的経済水域をとる国の場合は排他的経済水域の一部、排他的経済水域をとらない国の場合は公海の一部と理解されている。接続水域が公海の一部とされることがあるように、排他的経済水域を公海の一部とする考え方がある。この考え方は正しいとは思われない。確かに排他的経済水域には、後でみるように、公海制度の多くの部分が適用される。しかし排他的経済水域には公海制度が完全な形で適用されるわけではなく、排他的経済水域は排他的経済水域の部が定める特別の法制

度が適用される海洋の一区分であり、公海からは区別される独自の海洋の部分である。この点については、後に「公海の範囲」のところでもう一度とり上げる。

Ⅲ-B-2-4　排他的経済水域の法的地位

Ⅲ-B-2-4-1　排他的経済水域の観念と沿岸国の権能の性質

Ⅲ-B-2-4-1-1　排他的経済水域の観念

　排他的経済水域の法的地位という場合、まずその法的地位を問題とする排他的経済水域の観念そのものが問題となる。他の海洋の区分についても同様な問題があるが、排他的経済水域については特にこの点に注意する必要がある。排他的経済水域はいわゆる水域だけを指すのか、それとも他の要素（地、空）を含むのか。

　前述の排他的経済水域の外側の限界線とか境界確定線は、それが海図上に示されることからも分かるように、地球表面上の範囲を示す線である。排他的経済水域に限らず、内水、領海、群島水域もそれぞれの限界線内の地球表面上の部分の名称として用いられる。しかしそれぞれが海水の部分のみを指すのか、海底や上空を含むのか、必ずしも明らかではない。

　国連海洋法条約は、56条1項において、《沿岸国は、<u>排他的経済水域において</u>、次のものを有する》として、《(a)<u>海底の上部水域並びに海底及びその下</u>の天然資源（生物資源であるか非生物資源であるかを問わない。）の探査、開発、保存及び管理のための主権的権利》を挙げている。従って排他的経済水域には、いわゆる水域だけでなく海底及びその地下も含まれると解される。

Ⅲ　沿岸国の領域管轄権が及ぶ海洋

　さらに58条1項は、すべての国が排他的経済水域において87条に定める上空飛行の自由を享受すると規定している。排他的経済水域は上空を含むと解される。

　これらの規定から、排他的経済水域の観念は海水の部分だけでなく、海底及びその地下も、また上空も含むと考えられる。Zoneは水域と訳されたが、この訳語に捕われるべきではない。中国語では専属経済区と呼ばれている。排他的経済水域の海底という場合、排他的経済水域の部分を構成する海底という意味である。海水の部分だけを指す場合には、海底の上部水域（waters superjacent to the sea-bed, eaux surjacentes aux fonds marins）（56条1項(a)）または単に水域（waters, eaux）（66条2、3、4項）の語が用いられている。

Ⅲ-B-2-4-1-2　沿岸国の権能の性質

　前にも述べたように、国家の権能の存在の形式として、領域管轄権と人的管轄権の二つを挙げることについては異論はないと思われる。領域管轄権は一定の空間的範囲内に及ぶ（一定の空間内のすべての人に及ぶ）という性質を有し、人的管轄権は一定の人的範囲内に及ぶ（自国の国籍を持つ者に及ぶ）という性質を有する。

　排他的経済水域における沿岸国の権能は、排他的経済水域という空間内に及ぶ権能として、領域管轄権の性質を持つ。しかし領域管轄権という場合、空間的に限定されて及ぶ権能という意味と、それだけではなくさらに空間的にしか限定されない、従って事項的にも人的にも限定されない権能という意味で用いられる場合がある。すなわち領域管轄権＝領域主権として用いられる場合がある。領海における沿岸国の権能は、空間的に限定される権能というだけでなく、空間的にしか限定されない権能である。従ってそれは領域管轄権で

121

あり、かつ完全な領域管轄権であって、領域主権ないし単に主権と呼ばれる（領域主権の一般的性格については、「領海の法的地位」の「沿岸国の権能—主権の原則—」参照）。

排他的経済水域における沿岸国の権能は、領海におけるそれと同様に領域管轄権の性質を持つが、領海における場合と異なり、空間的にだけでなく、以下にみるように事項的にも限定される権能である。その意味において、排他的経済水域における沿岸国の権能は、限定された領域管轄権であるといえる。

Ⅲ-B-2-4-2　沿岸国の権能

Ⅲ-B-2-4-2-1　経済的な目的の探査及び開発のための権能

Ⅲ-B-2-4-2-1-1　事項的に限定された権能

《沿岸国は、排他的経済水域において、次のものを有する。
(a)　海底の上部水域並びに海底及びその下の天然資源（生物資源であるか非生物資源であるかを問わない。）の探査、開発、保存及び管理のための主権的権利並びに排他的経済水域における経済的な目的で行われる探査及び開発のためのその他の活動（海水、海流及び風からのエネルギーの生産等）に関する主権的権利…》（56条1項）。

すなわち沿岸国は、排他的経済水域において、上部水域、海底及びその下の天然資源の探査、開発、保存、管理のための権能を有する。また沿岸国は、排他的経済水域において経済的な目的で行われる探査及び開発のためのその他の活動に関する権能を有する。

天然資源の探査開発はいうまでもなく経済的な目的の活動であり、

Ⅲ　沿岸国の領域管轄権が及ぶ海洋

沿岸国はそのような活動のための権能を有するが、その他に沿岸国は、天然資源の探査開発活動以外の、経済的な目的の探査開発のための活動、例えば海水、海流、風からのエネルギーの生産などに関する権能を有する。

　要するに沿岸国は、排他的経済水域において、経済的な目的の探査及び開発のための活動に関する権能を有する。排他的経済水域における沿岸国の権能は、天然資源の探査開発を含めて、少なくとも経済的な目的の探査開発という事項に限定された権能である。

　後述のように、沿岸国は排他的経済水域において、経済的な目的の探査開発のための権能以外にも若干の事項に関する権能が認められるが、沿岸国の権能が条約所定の事項に限定される権能であることに変わりはない。

Ⅲ-B-2-4-2-1-2　主権的権利 (sovereign rights, droits souverains)

　排他的経済水域における沿岸国のこのような権能は、事項的に限定されている以上、主権と呼べないことは明らかであるが、1982年条約は、沿岸国のこのような権能を主権的権利と呼んだ。

　この主権的権利の語は、すでに1958年の大陸棚条約において用いられている。

《沿岸国は、大陸棚に対し、これを探査し及びその天然資源を開発するための主権的な権利を行使する》（大陸棚条約2条1項）。

　大陸棚に対する沿岸国の権能は、大陸棚の探査、その天然資源の開発といった事項に限定されている限り、主権とは呼べない。しかしその権能を「主権的な権利」と呼んだのはそれが排他的な性格を有するものだからである。上記の規定に続いて大陸棚条約は次のようにいう。

《1の権利は、沿岸国が大陸棚を探査しておらず又はその天然資源を開発していない場合においても、当該沿岸国の明示的な同意を得ることなしにこれらの活動を行い又は当該大陸棚に対して権利を主張することができないという意味において、排他的である》(同2項)。

要するに、大陸棚に対する沿岸国の権能は、事項的に限定されるという点において主権とはいえないが、その他の点において主権=領域主権と共通性を有し、特にその行使の排他性において主権と共通する性格を持つ。こうして主権的権利の語が用いられていると見ることができるだろう。

排他的経済水域における沿岸国の経済的な目的での探査開発のための権能も、それが事項的に限定されるために主権とは称し得ないが、しかしその他の点では主権と共通性を有し、特にその行使が排他的であるために主権的であるといえる。そこで1982年条約も、排他的経済水域における経済的な目的での探査及び開発のための活動に関する沿岸国の権能を、主権的権利と呼んだと見ることができるだろう。

前に見たように国連海洋法条約は、排他的経済水域ないしは大陸棚の外側の限界内に及ぶ沿岸国の権能を一般的に管轄権という言葉で表している（1条1項(1)）。そして内水や領海や群島水域に及ぶ沿岸国の管轄権は主権と呼ばれ（2条1項、49条1項）、排他的経済水域（及び大陸棚空間）に及ぶ沿岸国の管轄権のうち経済的な目的での探査開発のための権能に主権的権利の名称を与えている（56条1項(a)、77条1項）。

Ⅲ 沿岸国の領域管轄権が及ぶ海洋

Ⅲ-B-2-4-2-1-3 立法的管轄権及び執行的管轄権

　排他的経済水域におけるこのような沿岸国の権能は、経済的事項に限定されるが、その限定された事項の範囲内においては、立法的管轄権及び執行的管轄権を含む。このことは次の規定からも明らかである。

　《沿岸国は、排他的経済水域において生物資源を探査し、開発し、保存し及び管理するための主権的権利を行使するに当たり、この条約に従って制定する法令の遵守を確保するために必要な措置（乗船、検査、拿捕及び司法上の手続を含む。）をとることができる》（73条1項）。

　この規定は直接には執行的管轄権に関するものであるが、《この条約に従って制定する法令》とあるように、沿岸国は国連海洋法条約の規定に従って排他的経済水域に適用される法令を制定することができるわけであり、その立法的管轄権を前提として、その《法令の遵守を確保するために》、必要な措置をとることができる、すなわち執行的管轄権を持つ。従って、排他的経済水域における沿岸国の権能は、一定事項に関して立法的管轄権及び執行的管轄権を含む。

　ところで沿岸国の法令を遵守するために《必要な措置》として、乗船、検査、拿捕を挙げている。これらの措置はいうまでもなく船舶に対する措置である。自国船舶に対しては、たとえそれが公海上にあっても、旗国はその法令の遵守を確保するために必要な措置をとり得るのであるから（公海における旗国の排他的管轄権の原則―後述）、73条1項の規定は、そのような措置が排他的経済水域において外国船舶に対してもとり得ることを意味している。ということは排他的経済水域における沿岸国のこのような権能は、人的に限定さ

125

れない権能（国籍の区別なく適用され行使される権能）であるということである。

このことは73条4項からも明らかである。そこでは外国船舶に対する執行的管轄権の行使の場合に関して規定している。

《沿岸国は、外国船舶を拿捕し又は抑留した場合には、とられた措置及びその後に科した罰について、適当な経路を通じて旗国に速やかに通報する》（73条4項）。

このように排他的経済水域において外国船舶は、場合によっては条約の定める一定事項に関する沿岸国の立法的管轄権及び執行的管轄権の対象となり得る。公海においては後述のように船舶は旗国の排他的管轄権の原則に基づいて、原則として旗国以外のいかなる外国のいかなる管轄権の対象とならない。公海自由の原則に基づく公海における船舶の航行の自由ということはそのようなことを意味する。従って58条1項は、すべての国（すべての国の船舶）は排他的経済水域において、87条［公海の自由］に定める航行の自由を享有すると規定するが、排他的経済水域における外国船舶の航行の自由と公海における船舶の航行の自由は区別されるべきである。

このことは排他的経済水域における外国航空機の上空飛行の自由（58条1項）についてもいえる。排他的経済水域に関し国連海洋法条約に基づいて沿岸国が制定する法令は、いうまでもなく同水域の一部を構成する同水域の上空にも適用される。排他的経済水域の海底及びその下の天然資源の探査活動は上空から航空機によっても行われる。上記73条に規定する沿岸国が制定する法令の遵守を確保するために沿岸国がとる措置には、排他的経済水域上空における外国航空機に対するものも含まれるであろう。

排他的経済水域上空における外国航空機は、場合によっては条約

Ⅲ　沿岸国の領域管轄権が及ぶ海洋

の定める一定事項に関する沿岸国の立法的管轄権及び執行的管轄権の対象となり得る。排他的経済水域における上空飛行の自由と公海における上空飛行の自由は区別されるべきである。

　なお接続水域のところで述べたが、追跡権の制度は排他的経済水域にも準用される（111条2項）。

Ⅲ-B-2-4-2-1-4　生物資源だけが問題とされる理由

　56条1項(a)では沿岸国の排他的経済水域における<u>天然資源</u>の探査、開発、保存、管理のための主権的権利といっているのに、73条1項は<u>生物資源</u>の探査、開発、保存、管理のための主権的権利についてのみ規定し、非生物資源に関しては触れていない。それは56条3項の規定と関係があると思われる。《海底及びその下についてこの条に定める権利［56条1項で定める権利］は、第Ⅵ部［大陸棚］の規定に従って行使する》（56条3項）。

　第Ⅴ部［排他的経済水域］では、排他的経済水域の上部水域の天然資源、従って生物資源の探査開発のための主権的権利の行使に関して規定する。排他的経済水域の海底及びその下の天然資源、従って原則として非生物資源の探査開発のための主権的権利の行使に関しては、第Ⅵ部の規定に委ねる。そこで第Ⅴ部では主権的権利の行使に関し生物資源についてだけ問題とされる。

　排他的経済水域は、漁業水域（排他的漁業水域、漁業専管水域）とは異なるから、沿岸国は、そこにおける上部水域の生物資源についてだけでなく、海底及びその下の非生物資源に関しても、その探査、開発、保存、管理のための管轄権＝主権的権利を有する。排他的経済水域における非生物資源の探査、開発、保存、管理のための主権的権利の行使にあたっても、沿岸国は国連海洋法条約に従って必要

127

な法令を制定することができるであろうし、またその法令の遵守を確保するため必要な措置をとることができるであろう。すなわち排他的経済水域における非生物資源の探査、開発、保存、管理に関しても沿岸国は立法的管轄権及び執行的管轄権を有するだろう。ただ第Ⅵ部には第Ⅴ部の73条（沿岸国の法令の執行）に類する明示の規定はない。

Ⅲ-B-2-4-2-2　その他の事項に関する権能

排他的経済水域における沿岸国の権能は、主として、そして基本的には、排他的経済水域における経済的な目的での探査開発のための主権的権利であるが、1982年条約はそのほかに若干の事項に関する権能を定めている。

《沿岸国は、排他的経済水域において、次のものを有する。
(a)　……
(b)　この条約の関連する規定に基づく次の事項に関する管轄権
  (i)　人工島、施設及び構築物の設置及び利用
  (ii)　海洋の科学的調査
  (iii)　海洋環境の保護及び保全
(c)　……》（56条1項）。

Ⅲ-B-2-4-2-2-1　海洋構築物に関する権能

海洋における人工島、施設及び構築物を海洋構築物と総称することにする。海洋構築物に関連して60条は次のように規定する。

《沿岸国は、排他的経済水域において、次のものを建設し並びにこれらの建設、運用及び利用を許可し及び規制する排他的権利を有する。

Ⅲ 沿岸国の領域管轄権が及ぶ海洋

(a) 人 工 島
(b) 第56条に規定する目的その他の経済的目的のための施設及び構築物
(c) 排他的経済水域における沿岸国の権利の行使を妨げ得る施設及び構築物》(60条1項)。

《沿岸国は、1に規定する人工島、施設及び構築物に対して、通関上、財政上、保健上、安全上及び出入国管理上の法令に関する管轄権を含む排他的管轄権を有する》(60条2項)。

次のように整理することができるだろう。

① 沿岸国は排他的経済水域において、目的の如何を問わず、人工島を建設する排他的権利を有する。
② 沿岸国は排他的経済水域において、経済的目的のための施設及び構築物を建設する排他的権利を有する。
③ 沿岸国は排他的経済水域において、目的を限定されない人工島の建設、運用及び利用を許可し規制する排他的権利を有する。
④ 沿岸国は排他的経済水域において、経済的目的のための施設及び構築物の建設、操作及び利用を許可し規制する排他的権利を有する。
⑤ 沿岸国は排他的経済水域における人工島に対して排他的な管轄権(立法的管轄権及び執行的管轄権)を有する。
⑥ 沿岸国は排他的経済水域における経済的目的のための施設及び構築物に対して排他的な管轄権(立法的管轄権及び執行的管轄権)を有する。

次の点が注意されるべきであろう。

第一に、施設及び構築物に関しては、②④⑥から経済的目的のための施設及び構築物については沿岸国が排他的権利を持つことは

明らかであるが、経済的目的以外の施設及び構築物については条約上未決定である。しかし排他的経済水域における施設の建設に関し、沿岸国にその排他的権利が認められるのは経済的目的のそれの限るからといって、経済的目的以外の（例えば軍事的目的の）施設の建設に関し、自動的に外国の権利が認められるというわけではない。排他的経済水域は公海ではないからである。

排他的経済水域が公海の一部であって沿岸国に特定の権利を認める公海であるとするならば、沿岸国に排他的な権利が認められる活動以外の活動に関し、自動的に他の国の権利が認められることになるだろう。しかし排他的経済水域は公海の一部ではなく、第Ⅴ部「排他的経済水域」に定める特別の法制度に服する海洋の部分である。従って排他的経済水域において、条約上、沿岸国に排他的権利が認められている活動（及びすべての国に自由ないし権利が認められている活動）以外の、排他的経済水域における活動についての権利（いわゆる残余権）が沿岸国に属するかまたはすべての国に属するかに関しては、排他的経済水域における権利の帰属に関する59条に基づいて解決されることになるだろう（後述）。

第二に、60条1項(c)は、文脈上、《排他的経済水域における沿岸国の権利の行使を妨げることのある施設及び構築物》を、《沿岸国は、排他的経済水域において…建設する…排他的権利を有する》ということになるが、これはナンセンスであろう。

Ⅲ-B-2-4-2-2-2　海洋の科学的調査に関する権能

排他的経済水域における沿岸国の海洋の科学的調査に関する権能について、第ⅩⅢ部「海洋の科学的調査」に次の規定がある。

《沿岸国は、自国の管轄権の行使として、この条約の関連する規

定に従って排他的経済水域及び大陸棚における海洋の科学的調査を規制し、許可し及び実施する権利を有する》(246条1項)。

《排他的経済水域及び大陸棚における海洋の科学的調査は、沿岸国の同意を得て実施する》(同2項)。

他国または国際機関による科学的調査の計画が、《天然資源(生物であるか非生物であるかを問わない。)の探査及び開発に直接影響を及ぼす場合》は、沿岸国の裁量によって同意を与えないことができる (246条5項)。しかし《専ら平和的目的で、かつ、すべての人類の利益のために海洋環境に関する科学的知識を増進させる目的で実施する海洋の科学的調査の計画》、すなわち天然資源に係わる調査ではなく、純粋な科学的調査の計画の場合は、沿岸国は、《通常の状況においては、同意を与える》(246条3項)と規定されている。

Ⅲ-B-2-4-2-2-3　海洋環境の保護保全に関する権能

排他的経済水域における沿岸国の海洋環境の保護保全に関する権能に関しては、第ⅩⅡ部「海洋環境の保護及び保全」に規定されている。

Ⅲ-B-2-4-2-2-3-1　海洋環境の汚染の防止、軽減及び規制のための立法的管轄権

沿岸国は排他的経済水域における投棄による汚染の防止、軽減及び規制のための法令制定権を有する (210条1項)。

沿岸国は排他的経済水域における船舶からの汚染防止、軽減及び規制のための法令制定権を有する (211条5項)。

Ⅲ-B-2-4-2-2-3-2　海洋環境の汚染の防止、軽減及び規制のための執行的管轄権

　沿岸国は排他的経済水域における上記の投棄による汚染に関する法令を執行する権能を有する（216条1項）。沿岸国は排他的経済水域に関する上記の船舶からの汚染に関する法令を執行する権能を有する（220条）。

Ⅲ-B-2-4-2-3　排他的経済水域の領域性

　排他的経済水域における沿岸国の権能は、事項的に限定されるという意味において「内容の完全性」を有する権能ではない。従ってそれは主権とは呼べない。しかしそれが空間的に限界づけられて及ぶ権能であり、排他的に行使されるという点において領域主権に共通する。ただ権能が事項的に限定されるという点において、それは完全な領域管轄権ではなく、限定された領域管轄権である。

　事項的に限定されるとはいえ、その事項に係わる者である限り国籍の如何を問わず人的に限定されることなく適用される立法的管轄権及び執行的管轄権が排他的に行使され得るという意味において、要するに限定された領域管轄権が及ぶという意味において、排他的経済水域は一種の領域性を有するといえるだろう。

　《いずれの国も、排他的経済水域においてこの条約により自国の権利を行使し及び自国の義務を履行するに当たり、沿岸国の権利及び義務に妥当な考慮を払うものとし、また、この部の規定に反しない限り、この条約及び国際法の他の規則に従って沿岸国が制定する法令を遵守する》（58条3項）。

　排他的経済水域においては、国際法が定める事項に関し沿岸国が

Ⅲ 沿岸国の領域管轄権が及ぶ海洋

制定する法令が適用され、いずれの国の国民、船舶、航空機もそれを遵守しなければならない。国連海洋法条約の定める事項に限定されるとはいえ、その事項に係わる沿岸国の法令がそこに適用され、外国の国民、船舶、航空機もそれを遵守することが要求されるという意味において、排他的経済水域は沿岸国の領域性を示すといえる。

Ⅲ-B-2-4-3　外国の使用の自由

Ⅲ-B-2-4-3-1　排他的経済水域において認められる自由

《すべての国は、沿岸国であるか内陸国であるかを問わず、排他的経済水域において、この条約の関連する規定に定めるところにより、第87条に定める航行及び上空飛行の自由並びに海底電線及び海底パイプラインの敷設の自由並びにこれらの自由に関連し及びこの条約のその他の規定と両立するその他の国際的に適法な海洋の利用（船舶及び航空機の運航並びに海底電線及び海底パイプラインの運用に係る海洋の利用等）の自由を享有する》(58条1項)。

要するに、基本的には、すべての国は排他的経済水域において、87条（公海の自由）の定める航行の自由、上空飛行の自由、海底電線及び海底パイプライン敷設の自由を享受するということである。

87条にはこれら三つの自由のほかに、海洋構築物の建設の自由、漁獲の自由及び科学的調査の自由があげられているが、上述のようにこれらの事項については沿岸国の権能が認められる。

なお1958年の公海条約2条は、公海使用の自由として航行の自由、漁獲の自由、海底電線及び海底パイプライン敷設の自由、上空飛行の自由を挙げていた。これらが公海使用の自由の伝統的内容とされるが、それらのうちの漁獲の自由を除いて三つの自由が排他的

経済水域において残されている。

　もっとも上でみたように排他的経済水域においては一定の事項に関し沿岸国の権能（限定された領域管轄権）が認められる。従って、すべての国に認められる三つの自由も、《この条約の関連する規定に定めるところにより》（58条1項）認められるに過ぎない。従って、公海における場合と異なり、沿岸国に認められる権能との関係で、これらの自由の行使が沿岸国によって制限されることはあり得る。

Ⅲ-B-2-4-3-2　経済的事項への外国の権利

　沿岸国が主権的権利を有する排他的経済水域の経済的な目的の開発の事項に関しても、外国は一切の権利を認められないというわけではない。《自国の排他的経済水域における生物資源の漁獲可能量を決定する》のは沿岸国ではあるが（61条1項）、しかし《沿岸国は、自国が漁獲可能量のすべてを漁獲する能力を有しない場合には、協定その他の取極により、……漁獲可能量の余剰分の他の国による漁獲を認める》（62条2項）。

Ⅲ-B-2-4-3-3　排他的経済水域の公海性

　排他的経済水域においては、上述のように87条が挙げる公海の自由の六つの自由のうちの三つの自由、しかも伝統的な四つの自由のうちの三つの自由までが認められる。
　また58条2項は次のように規定する。
　《第88条から第115条までの規定及び国際法の他の関連する規則は、この部［第Ⅴ部「排他的経済水域」］の規定に反しない限り、排他的経済水域について適用する》。

Ⅲ　沿岸国の領域管轄権が及ぶ海洋

　88条から115条までの規定というのは、第Ⅶ部「公海」の第1節「総則」（86～115条）のほとんどすべての規定である。そこには主として公海における船舶の法的地位、特に公海における秩序維持（後述）に関する規定が含まれている。それらの規定が排他的経済水域の規定と両立する限り、排他的経済水域にも適用される。排他的経済水域が公海でないことは、86条［第Ⅶ部「公海」の諸規定が適用される海洋についての規定］からも明らかである。そして上に述べたような意味において排他的経済水域は領域性を示す。

　しかし排他的経済水域には、上記のように公海使用の三つの自由が認められ、また沿岸国に認められる権能との両立を条件にではあるが、公海に関するほとんどすべての規定が適用される。その意味において、排他的経済水域は公海的性格をも強く残している。

Ⅲ-B-2-4-4　残余権の問題

　上述のように国連海洋法条約は、一方において一定の事項ないし活動に関して沿岸国の権利を規定し、他方において一定の事項ないし活動に関してすべての国ないし外国の自由ないし権利を規定している。しかし排他的経済水域におけるそのいずれにも属さない事項ないし活動が存在し、それについての権利は沿岸国に属するのか、それともすべての国ないし外国に属するのかという問題がある。いわゆる残余権の帰属の問題である。

　一方において排他的経済水域は領海ではないから、残余権が自動的に沿岸国に帰属するということにはならない。また他方において排他的経済水域は公海ではないから、残余権が自動的にすべての国に帰属するということにもならない。

　国連海洋法条約は、排他的経済水域における主たる活動に関して、

135

それを行う権利ないし自由を沿岸国ないしはすべての国に配分している。条約が規定し残した活動に係わる残余権としてどのようなものが考えられるか。科学技術の発展に伴って増えていくことが予想されるが、その例としてある人は次のようなものを挙げている。対潜水艦水中聴音器の設置の権利、接続水域（33条）以遠における歴史的難船貨物の引揚げの権利、純粋な科学的調査すなわち通常は沿岸国の同意が与えられることが予想される他国による海洋科学的調査（246条3項）のために用いられるブイなど浮動調査機器に対する管轄権（R. R. Churchill and A. V. Lowe, The law of the sea, third edition, p. 175～176）。また外国による継続追跡の結果、沈没した船舶を引き上げる権利も挙げることができるだろう。これらの権利や管轄権については国連海洋法条約に規定はないが、それは沿岸国に属するのか、それとも他の国に与えられるのか。

この残余権の帰属の問題に関し、国連海洋法条約59条は次のように規定している。

《この条約により排他的経済水域における権利又は管轄権が沿岸国又はその他の国に帰せられていない場合において、沿岸国とその他の国の間に利害の対立が生じたときは、その対立は、当事国及び国際社会全体にとっての利益の重要性を考慮して、衡平の原則に基づき、かつ、すべての関連する事情に照らして解決する》。

排他的経済水域における残余権の帰属に関して、沿岸国と他の国との間において主張の対立、利害の対立が生じた場合に、それは外交的に、または司法的に解決されることになるが、59条はその対立［紛争］を解決するための基準を示している。それは、《当事国及び国際社会全体にとっての利益の重要性を考慮して、衡平の原則に基づき、かつ、すべての関連する事情に照らして解決》されなけ

Ⅲ　沿岸国の領域管轄権が及ぶ海洋

ればならない。最終的には国連海洋法条約287条に挙げられている司法的機関のいずれかに付託され、解決されることになるだろう。

Ⅲ-B-2-5　排他的経済水域と排他的漁業水域

Ⅲ-B-2-5-1　第Ⅴ部「排他的経済水域」の定める制度

　排他的経済水域は、最初に見たように、海底及びその下、上部水域及び上空を含むが、排他的経済水域における沿岸国の権能は、主として海底及びその下と上部水域に係わる。

　56条3項は、《この条に定める海底及びその下についての権利は、第Ⅵ部［大陸棚］の規定により行使する》と規定する。従って、排他的経済水域の海底及びその下に関しては、大陸棚制度が適用される。そこで第Ⅴ部が定める制度は、排他的経済水域の上部水域の制度、従って生物資源＝漁業資源に関する制度である。

　ところで漁業資源に関しては、領海外の一定水域において沿岸国が漁業資源の探査、開発に関し排他的な権能を持つ排他的漁業水域（漁業水域、漁業専管水域）の観念がある。

Ⅲ-B-2-5-2　排他的漁業水域

　1945年9月28日の保存水域に関するトルーマン宣言に端を発して、領海外への優先的なまたは排他的な漁業水域への主張が生じた。しかしこの排他的な漁業水域の主張は、200海里の排他的経済水域の容認で色褪せたように見える。

　ただ実際には排他的漁業水域設定の多くの例がある（1977年以来、ドイツ、日本、イギリス、カナダ、オーストラリア等）。これらの国のほとんどは、その後、排他的経済水域の設定に切り替えられたが、

2000年現在でも排他的経済水域を設定せず排他的漁業水域のみを設定していると思われる国が9ヵ国ほど存在する。

　1982年条約は、排他的漁業水域の観念を用いていないが、排他的経済水域の制度から考えて、国家が200海里以内の排他的漁業水域を一方的に設定する権利を否定することはできないであろう。現在の排他的漁業水域の諸例も、海洋国際法と両立し得ると考えられている。

　1982年条約に明示の規定はないが、排他的経済水域において漁業に適用される規則は、排他的漁業水域にも適用されると考えられる。これを肯定する判例として、1986年7月17日のカナダ・フランス間のセントローレンス湾内の密漁に関する事件の仲裁判決は、次のように述べている。

　「フランスは、1977年に経済水域を設定し、カナダもまた1971年以来漁業水域を設け、その後1977年にそれを拡張しているが、裁判所は、両当事国間において、経済水域の観念と漁業水域の観念は、海洋の生物資源に対し沿岸国が行使する権利の関係のもとにおいては等しいとみなされる、と考えることが許されると思う」。

Ⅲ-B-2-5-3　排他的経済水域の制度＝排他的漁業水域の制度＋
　　　　　　大陸棚の制度

　排他的漁業水域の観念を用いるとすれば、排他的経済水域の制度は、生物資源を対象とするこの排他的漁業水域の制度と主として非生物資源を対象とする大陸棚の制度の二つを合わせた制度であると考えることができる。排他的経済水域の海底及びその下に係わる制度は、次の大陸棚で扱う。

Ⅲ　沿岸国の領域管轄権が及ぶ海洋

Ⅲ-B-3　大　陸　棚（Continental shelf, Plateau continental）

Ⅲ-B-3-1　大陸棚と海洋法条約

　大部分の大陸は、海面下水深200メートル位のところまで緩やかな傾斜で下がっていき、そこから急激な傾斜で深海底に至るそういう台の上に乗っている。地理学者が大陸棚と呼ぶのは、そのような台である。

　この大陸棚が国際法上の問題として登場してきたのは、特に1945年9月28日の有名な大陸棚に関するトルーマン宣言（「大陸棚の地下及び海床の天然資源に関する合衆国の政策」大統領宣言2667号）からである。この宣言は、《公海の下にあるが合衆国の海岸に接続する大陸棚の地下及び海底の天然資源を、合衆国に属しその管轄権と管理に服するものとみなす》。

　この宣言は、沿岸国が公海海底に対し権利主張を行ったものであって、よかれあしかれ沿岸国による広大な海洋支配へと向かう第二次大戦後の海洋国際法の新しい展開に、重要な切っ掛けを与えたものである。多くの国がトルーマン宣言に追随し、一方的な行為によって自国の海岸に隣接する公海海底への権利主張を行った。

　1958年の大陸棚条約は、このような諸国の主張を承認し、条約上、大陸棚（法的大陸棚）を定義し、大陸棚の法的制度を定めた。そしてこの大陸棚条約を基礎にして、大陸棚の制度は慣習法化した。大陸棚に対する沿岸国の権能については今日異論はない。

　ただ大陸棚条約は、法的大陸棚の限界を定める基準の一つとして開発可能限度を挙げたことから、その後の開発技術の進歩と共に法的大陸棚の限界が無制限に広がっていく傾向がみられた。

他方、法的大陸棚を越える深海底及びその資源を人類の共同の財産とする考え方が打ち出され（1967年、パルド提案—後述）、これらのこととの関連で法的大陸棚の限界を一定限度に抑える必要が生じた。

こうして第三次国連海洋法会議は、法的大陸棚の定義を再検討し、1982年条約は、新しい法的大陸棚の定義のもとに、第Ⅵ部「大陸棚」76条～85条の10ヵ条を定めた。

Ⅲ-B-3-2　大陸棚の範囲

Ⅲ-B-3-2-1　限　界

Ⅲ-B-3-2-1-1　内側の限界

大陸棚の内側の限界は、領海の外側の限界である。大陸棚を海底そのものと捉えれば、正確には領海の海底の外側の限界である。大陸棚条約1条は、大陸棚とは《海岸に隣接しているが、領海の外にある海底区域の海底及びその下》であるという。1982年条約76条1項も、《沿岸国の大陸棚とは、当該沿岸国の領海を越える海面下の区域の海底及びその下》であるという。

このことは少なくとも、地理学上の大陸棚は内水や領海の海底を含むとしても、法的大陸棚は内水や領海の海底を含まないことを示している。

なお200海里の排他的経済水域を設定している国の場合、第Ⅵ部「大陸棚」の制度が適用される海底は、領海海底の外側の限界から始まり、法的大陸棚が200海里を超えているときはその外側の限界までということになる。しかし条約上は200海里までの海底は排他

Ⅲ　沿岸国の領域管轄権が及ぶ海洋

的経済水域を構成する海底であり、そこには56条3項によって第Ⅵ部［大陸棚］の規定が適用されることになるが、第Ⅵ部の大陸棚制度が直接的に適用される大陸棚は200海里以遠の一定範囲の海底ということになるだろう。この場合、大陸棚制度が直接適用される大陸棚の内側の限界は、排他的経済水域の海底の外側の限界ということになる。

Ⅲ-B-3-2-1-2　外側の限界（幅）

大陸棚条約1条(a)は次の二者択一的な限界を定めている。領海外の海底区域であって、《水深が200メートルまでであるもの又は水深がこの限度をこえているがその天然資源の開発を可能にする限度までであるもの》。この第二の開発可能限度の基準に問題があったことについては前述した。

1982年条約もまた二者択一的な限界を採用している。

《沿岸国の大陸棚とは、当該沿岸国の領海を越える海面下の区域の海底及びその下であってその領土の自然の延長をたどって大陸縁辺部の外縁に至るまでのもの又は、大陸縁辺部の外縁が領海の幅を測定するための基線から200海里の距離まで延びていない場合には、当該沿岸国の領海を越える海面下の区域の海底及びその下であって当該基線から200海里の距離までのものをいう》（76条1項）。

要するに、法的大陸棚の外側の限界は、大陸縁辺部の外縁か（地理学的観念の採用）、または大陸縁辺部の外縁が基線から200海里に達していない場合、海底の地理的条件の如何にかかわらず、基線から200海里までか（地理的観念と無関係の距離基準の採用）、のいずれかである。（図5-a、b）

従って、200海里以上に、ないしは大陸縁辺部の外縁以上に法的

大陸棚が拡張されることはない。図5-bで示すように、地理学上の大陸棚、大陸斜面、コンチネンタル・ライズを合わせたものが大陸縁辺部と呼ばれる。

大陸縁辺部の外縁が200海里を超えて存在する場合に、その大陸縁辺部の外縁が法的大陸棚の外側の限界を構成するが、大陸縁辺部の外縁による大陸棚の外側の限界線の設定に関しては、技術的にいろいろ難しい問題があるように思われる（76条4〜7項）。

ただ76条5項に次のような規定がある。

《4(a)の(i)又は(ii)の規定に従って引いた海底における大陸棚の外側の限界線は、これを構成する各点において、領海の幅を測定するための基線から350海里を超え又は2500メートル等深線（2500メートルの水深を結ぶ線をいう。）から100海里を超えてはならない》。

従って、大陸縁辺部の外縁が200海里を超えている場合にも、基線からの距離によって（350海里）、または一定の等深線からの距離（2500メートル等深線から100海里）によって、法的大陸棚の外側の最大限の限界が数字によって示されている。（図5-c）

なお200海里を超える大陸棚の限界に関しては、76条8項に次の規定がある。

《沿岸国は、領海の幅を測定するための基線から200海里を超える大陸棚の限界に関する情報を、衡平な地理的代表の原則に基づき附属書Ⅱに定めるところにより設置される大陸棚の限界に関する委員会に提出する。この委員会は、当該大陸棚の外側の限界の設定に関する事項について当該沿岸国に対し勧告を行う。沿岸国が、その勧告に基づいて設定した大陸棚の限界は、最終的なものとし、かつ、拘束力を有する》。

Ⅲ 沿岸国の領域管轄権が及ぶ海洋

図 5 大陸棚の範囲

図 5 - a （大陸縁辺部の外縁が 200 海里以内の場合）

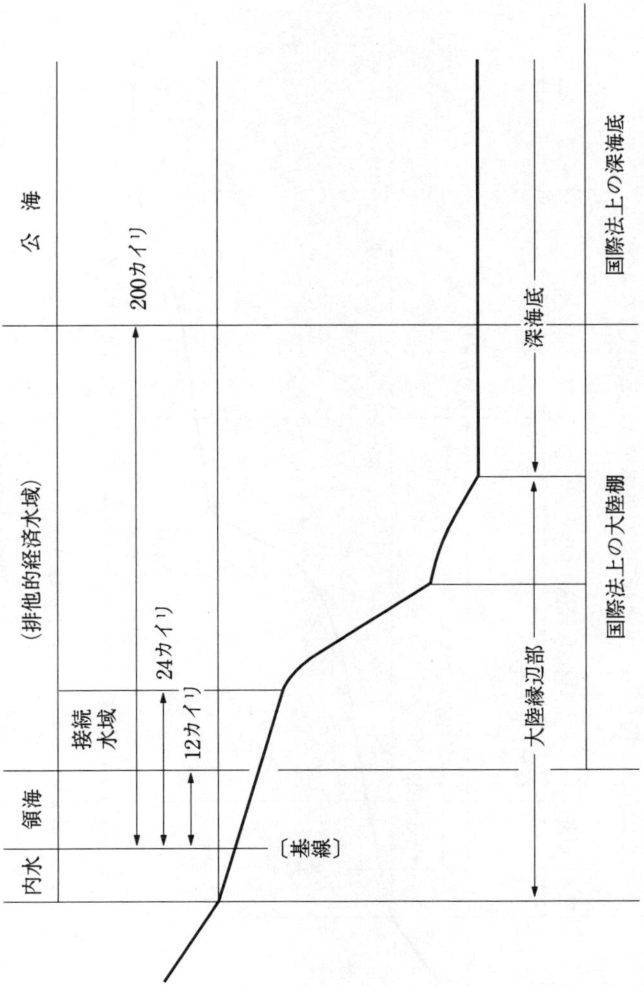

内水｜領海｜接続水域｜（排他的経済水域）｜公　海

〔基線〕
12カイリ
24カイリ
200カイリ

大陸縁辺部
深海底

国際法上の大陸棚｜国際法上の深海底

海洋国際法入門

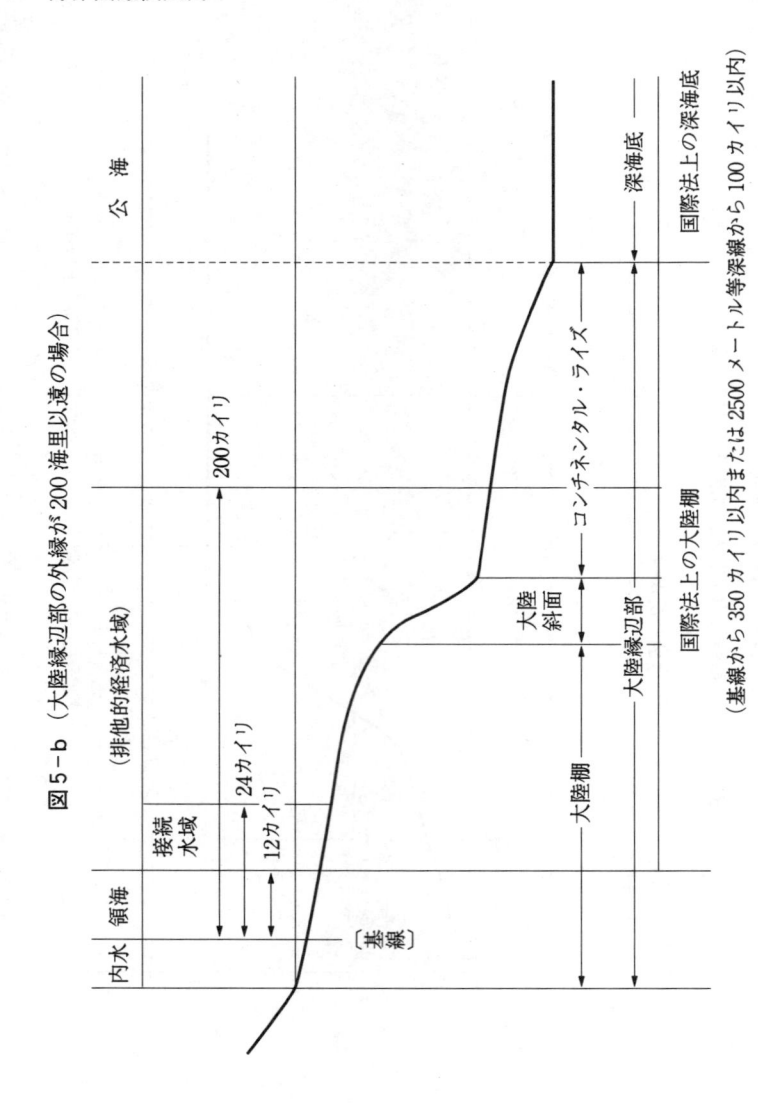

図 5-b（大陸縁辺部の外縁が 200 海里以遠の場合）

内水 | 領海 | 接続水域 | （排他的経済水域） | 公 海

12 カイリ
24 カイリ
200 カイリ

〔基線〕

大陸棚 ――― 大陸斜面 ――― コンチネンタル・ライズ
大陸縁辺部
国際法上の大陸棚
（基線から 350 カイリ以内または 2500 メートル等深線から 100 カイリ以内）

深海底
国際法上の深海底

144

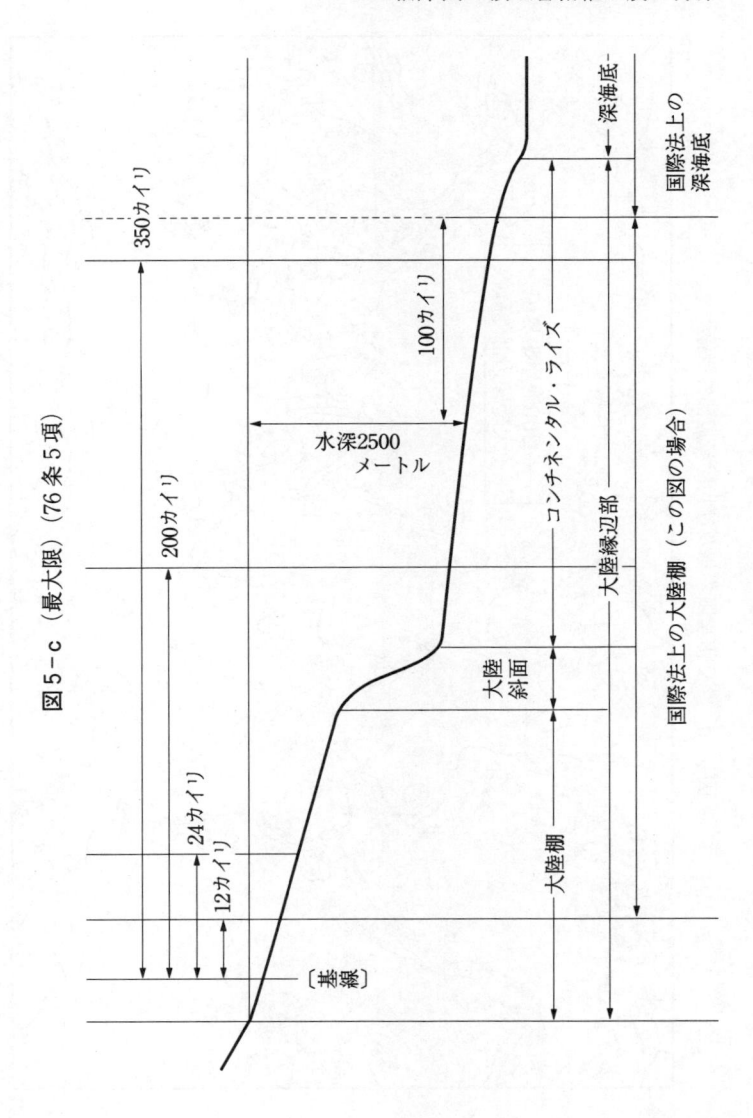

Ⅲ 沿岸国の領域管轄権が及ぶ海洋

図5-c (最大限) (76条5項)

〔基線〕
12カイリ
24カイリ
200カイリ
350カイリ
水深2500メートル
100カイリ
大陸棚
大陸斜面
コンチネンタル・ライズ
大陸縁辺部
深海底
国際法上の大陸棚 (この図の場合)
国際法上の深海底

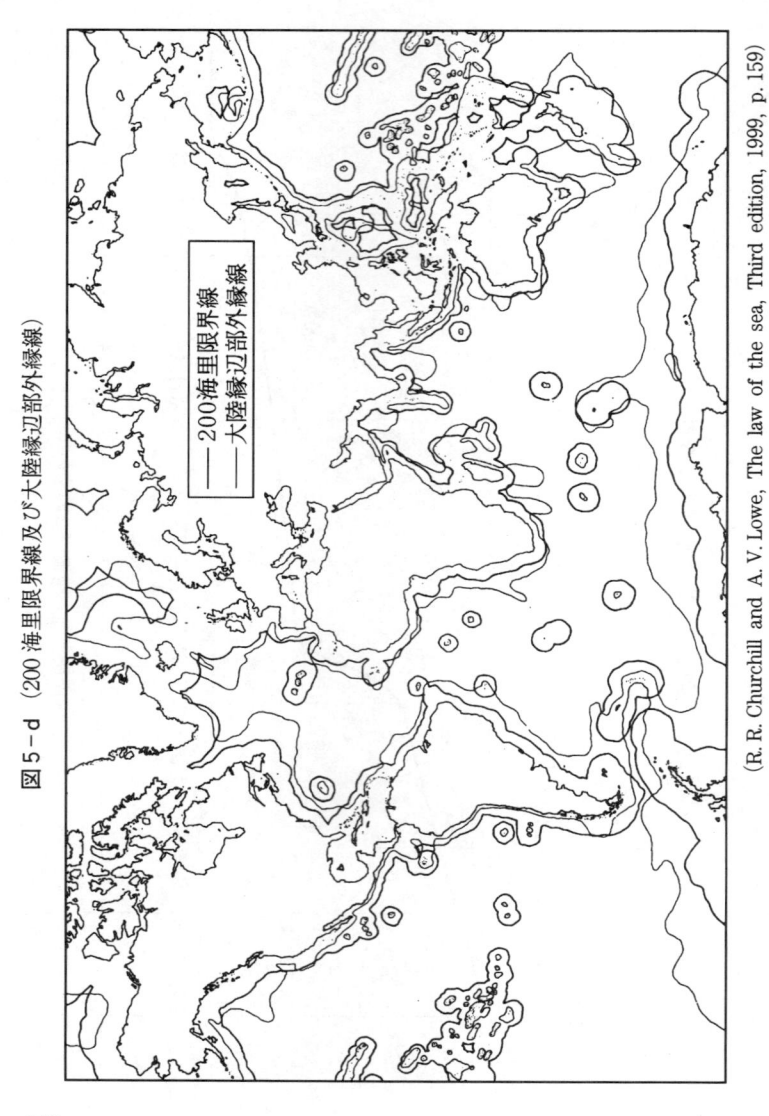

図5-d（200海里限界線及び大陸縁辺部外縁線）

（R. R. Churchill and A. V. Lowe, The law of the sea, Third edition, 1999, p. 159）

Ⅲ　沿岸国の領域管轄権が及ぶ海洋

Ⅲ-B-3-2-2　境界画定

　大陸棚の外側の限界の決定すなわち大陸棚と深海底との境界画定は、国連海洋法条約の規定に基づいて沿岸国が原則として一方的に行うことができる。しかし向かい合っている国の間で大陸棚の主張が重なり合う場合には、両国の大陸棚の境界画定の問題が生ずる。また隣接している国の間でそれぞれの大陸棚の側面的な境界画定の問題が起こる。

　このような国家間の大陸棚の境界画定について、国連海洋法条約は、排他的経済水域を大陸棚と置き換えただけで、排他的経済水域の境界画定に関する74条と同文の規定を置いている（83条）。従って大陸棚の境界画定に関しても、排他的経済水域の境界画定について述べたと同じことがいえるであろう。

　ただ大陸棚の境界画定に関しては、1958年の大陸棚条約6条に先行の規定がある。

　《向かい合っている海岸を有する二以上の国の領域に同一の大陸棚が隣接している場合には、それらの国の間における大陸棚の境界は、それらの国の間の合意によって決定する。合意がないときは、特別の事情により他の境界線が正当と認められない限り、その境界は、いずれの点をとってもそれらの国の領海の幅を測定するための基線上の最も近い点から等しい距離にある中間線とする》（1項）。

　2項は《隣接している二国の領域に同一の大陸棚が隣接している場合》における大陸棚の境界線について規定しているが、1項と同趣旨である。ただし、この場合も等距離原則が挙げられているが、事物の性質上、それは中間線ではない。

　従って、向かい合っているかまたは隣接している海岸を有する国

海洋国際法入門

の間における大陸棚の境界画定は、まず関係国の合意によって決定する。この点については国連海洋法条約83条1項の規定と基本的には変わりはない。ただ合意がない場合の大陸棚の境界画定の基準として等距離原則が挙げられている。この点が国連海洋法条約の規定と比較した場合の顕著な相違点である。

　合意がない場合の等距離原則の採用は、問題の衡平な解決を実現するための一つの方法であろう。大陸棚の境界画定の基準として等距離原則を規定しているということは、6条の背景に大陸棚境界画定の問題は、衡平な解決を目指すべきであるという考え方があることを示していると思われる。6条1項、2項が、大陸棚の境界は関係国の合意によって決定すると規定する場合、その合意が衡平な解決を目標とすべきことを特に明示していないが、6条の背景に上のような考え方があるとすれば、その合意は衡平な解決を目標とする合意と見るべきであろう。

　向かい合っているかまたは隣接している国の間における大陸棚の境界画定は、関係国間において衡平な解決を達成するために合意によって行うということについては、大陸棚条約と国連海洋法条約において変わりはない。だだ前者には大陸棚の境界画定の基準として等距離原則が挙げられており、後者にはそれがない。

　国連海洋法条約において、大陸棚の境界画定に関し等距離原則が消えたのは、等距離原則は確かに境界画定問題の衡平な解決を達成するための一つの基準であり、同原則の採用は衡平な解決を達成するための一つの方法であるとしても、状況によっては同原則の採用が必ずしも常に問題の衡平な解決をもたらすわけではないということが、1969年の北海大陸棚事件等の経験から認識されたからである。

Ⅲ 沿岸国の領域管轄権が及ぶ海洋

かくして国連海洋法条約は、大陸棚の境界画定に関し—排他的経済水域のそれに関しても同様だが—、衡平な解決に向けて、国際法に基づいて、関係国の合意によって行われなければならないとのみ規定する。衡平な解決を達成するために準拠すべきいかなる基準も、採用すべきいかなる原則も示していない。いかなる規準ないし原則にも優先権が与えられていない。諸国間の大陸棚や排他的経済水域の境界画定の問題のほとんどすべては未解決のままである。衡平な解決を達成するために、具体的にどのような基準ないし原則をとり上げるかは、大陸棚の境界画定の個々のケースにおける国家ないし国際裁判所の実行に委ねられている。

なお前に見たように、現在海岸を有する国の三分の二以上が排他的経済水域を設定している。そして排他的経済水域の観念は上部水域だけでなく海底及びその下を含む。従って領海以遠の海域の境界画定の問題の大部分は、排他的経済水域の境界画定の問題となるはずである。排他的漁業水域を設定する国同士の場合は、上部水域と海底である大陸棚の境界画定の問題にそれぞれ衡平な解決を求めて、別個の境界線が引かれることが仮にあり得るとしても、海底、上部水域、上空を含む排他的経済水域に関しては、三者を含めた単一の境界線が想定されるべきであろう。そしてその境界線が、三者を含めた排他的経済水域の境界画定問題の衡平な解決の実現となるべきであろう。

大陸棚だけの境界画定のケースはそんなに多くはないはずである。ただ大陸棚制度の成立が時期的に排他的水域制度の成立に先行していることから、既存の大陸棚の境界線と海底を含む新設の排他的経済水域の境界画定の問題との調整の問題が起こり得るかもしれない。

Ⅲ-B-3-2-3　限界線、境界画定線の表示

　法的大陸棚の外側の限界線及び境界画定線は、排他的経済水域の場合と同様、適当な海図に表示する（測地原子を明示した各地点の地理経緯度の表をもってこれに代えることができる）（84条1項）。

　沿岸国はこの海図（または地理経緯度の表）を適当に公表する。またこの海図（または表）の写しを国連事務総長に寄託する。さらに大陸棚の外側の限界線を示す海図（または表）については、1982年条約で設立される国際海底機構の事務局長にもその写しを寄託する（同2項）。

Ⅲ-B-3-3　大陸棚の法的地位

Ⅲ-B-3-3-1　大陸棚の観念

Ⅲ-B-3-3-1-1　条約上の大陸棚の観念

　1958年の大陸棚条約1条によれば、同条約の適用上、大陸棚というのは、(a)同条に定める一定範囲の、海岸に隣接しているが領海の外にある《海底区域の海底及びその下》(the seabed and subsoil of the submarine areas, le lit de la mer et le sous-sol des régions sous-marines)、(b)島の海岸に隣接している同様の《海底区域の海底及びその下》である。

　「島」の場合にも法的「大陸」棚を持ち得るということを特に指摘することができるが、いずれにしても大陸棚は海底区域の海底及びその下であって、海底そのものである。従って、上部水域や上空はもちろん大陸棚の観念には含まれない。

Ⅲ　沿岸国の領域管轄権が及ぶ海洋

1982年条約76条1項も大陸棚とは条約所定の範囲の《海面下の区域の海底及びその下》(the sea-bed and subsoil of the submarine areas, les fonds marins et leur sous-sol) であるという（島については76条は触れていないが、第Ⅷ部「島の制度」の121条に、島についてもそれが《人間の居住又は独自の経済的生活を維持することのできない岩》でない限り、大陸棚を持ち得ることが規定されている）。

1982年条約においても、大陸棚は《海面下の区域の海底及びその下》、すなわち海底そのものであって、上部水域、上空を含まない。

Ⅲ-B-3-3-1-2　上部水域及び上空の地位

《大陸棚に対する沿岸国の権利は、その上部水域の公海としての法的地位又はその上部水域の上空の法的地位に影響を及ぼすものではない》（大陸棚条約3条）。

1958年の大陸棚条約の場合、大陸棚の上部水域は公海として、その上空は公海上空として規定されている。

1958年の公海条約2条によれば、「公海の自由」には海そのものの使用に関する「航行の自由」及び「漁獲の自由」のほかに上空の使用に関する「上空を飛行する自由」が含まれ、また海底の使用に関する「海底電線及びパイプラインを敷設する自由」も含まれる。「公海の自由」という場合の公海は、これらの自由が認められる海、空、海底を含む観念であると考えられる。いわゆる公海自由の原則が適用される空間としての公海を公海空間と呼ぶとすれば、公海自由という場合の公海はこの公海空間の意味であると考えられる。

同じく公海条約2条によれば、《いかなる国も、公海のいずれかの部分をその主権の下におくことを有効に主張することができな

い》。従っていかなる国も公海のいずれかの部分に関して主権を行使することは認められない。たとえ自国の領海に接続する部分であっても、公海空間においてはいかなる国も主権を行使することは認められない。ここでいう主権は、領海のところで見た主権と同じように、領域主権であり、完全な領域管轄権である。

1958年の大陸棚条約2条1項は、《沿岸国は、大陸棚に対して大陸棚を探査し、及びその天然資源を開発するために主権的権利を行使する》と規定する。大陸棚条約の大陸棚は、領海の外の公海の海底そのものである。公海自由の原則が適用される公海空間の一部分である。いかなる国も公海空間のいかなる部分にも主権を行使することは認められない（公海条約2条）。しかし沿岸国は、自国の領海に接続する公海の一部分（水平的関係において）の、またその一部分（垂直的関係において）である大陸棚に対して、主権ではないが、大陸棚を探査しその天然資源を開発するための主権的権利を行使することが認められる。この主権的権利は、排他的経済水域のところで見たように、管轄権であり、限定された領域管轄権である。

この主権的権利の行使として、大陸棚の探査及びその天然資源の開発に係わる法令を沿岸国が制定した場合（立法的管轄権）、その法令が適用されるのは、条約のいう大陸棚そのものというより、実際に探査活動や開発活動が行われる上部水域、上空を含む大陸棚空間であろう。そしてその法令が執行されるのも（執行的管轄権）、同じく大陸棚空間においてであろう。

そうであるとすれば、大陸棚空間においては、従って大陸棚の上部水域や上空においても、大陸棚の探査及びその天然資源の開発に係わる立法的管轄権及び執行的管轄権の行使という形で、沿岸国の限定された領域管轄権が及ぶと見なければならないであろう。

Ⅲ　沿岸国の領域管轄権が及ぶ海洋

　公海はいかなる国の主権、領域主権ないし完全な領域管轄権だけでなく、主権的権利ないし限定された領域管轄権、要するに領域管轄権から自由である（その行使を免れる）からこそ、そしてそのような法的地位を有するからこそ、すべての国について使用の自由が保障されるのであろう。

　大陸棚に対し沿岸国の権能を認める以上、《その上部水域の公海としての法的地位又はその上空の法的地位に影響を与えるものではない》とはいえないのではなかろうか。

　《沿岸国の大陸棚に対する権利は、その上部水域の公海としての法的地位……に影響を及ぼすものではない》ということは、要するに大陸棚上部水域においてすべての国に航行の自由と漁獲の自由は認められるということであろう。また《沿岸国の大陸棚の対する権利は、……その上空の法的地位に影響を及ぼすものではない》ということは、大陸棚上部水域上空においてすべての国に上空飛行の自由は認められるということであろう。

　大陸棚上部水域及び上空において、そのように原則として航行の自由や飛行の自由が認められるとしても、それは大陸棚空間を越える公海において認められる航行の自由や飛行の自由とは異なる。大陸棚上部水域以外の公海においては、船舶や航空機は原則として旗国以外のいかなる国のいかなる管轄権の対象とならない（旗国の排他的管轄権の原則―後述）。それに対して大陸棚上部水域またはその上空の船舶または航空機は、航行の自由や飛行の自由が認められるとしても、国際法の定める事項に係わる、旗国以外の特定の沿岸国の、立法的管轄権及び執行的管轄権の対象となり得る。

　そのように考えると、大陸棚の上部水域及びその上空は、大陸棚条約が規定するように公海として捉える捉え方のほかに、沿岸国の

限定された領域管轄権が及ぶ大陸棚空間を構成する一部分として捉えるという捉え方も可能ではないかと思われる。このテキストは基本的にそのような考え方に立っている。

次に国連海洋法条約78条1項は次のように規定する。

《大陸棚に対する沿岸国の権利は、上部水域又は上空の法的地位に影響を及ぼすものではない》。

1982年条約の場合、《公海としての》の語が消えているが、排他的経済水域を設定しない国の場合は、領海の海底の外側の限界を越える条約所定の範囲の大陸棚の上部水域は、条約上は公海であり、その上空は公海上空であることに変わりはない。また排他的経済水域を設定する国の場合も、200海里を越える大陸棚が存在する場合は、その大陸棚の上部水域は条約上は公海であり、その上空は公海上空であることに変わりはない。

上記78条1項は、このような場合において、大陸棚条約3条がいうように、大陸棚に対する沿岸国の権利が、大陸棚の上部水域及び上空の公海としての法的地位に影響を及ぼさないという意味であろう。このテキストでは、このような場合における大陸棚の上部水域及び上空も、上に見たように、沿岸国の限定された領域管轄権の及ぶ大陸棚空間を構成する一部分と理解する。

Ⅲ-B-3-3-1-3　空間としての大陸棚の観念―大陸棚空間―

大陸棚条約においても1982年条約においても、条約上は大陸棚は海底そのものであって、その上部水域及び上空は大陸棚と別の法的地位に立つ。大陸棚そのものが問題となるのは、排他的経済水域を設定する場合や設定しない場合において、また法的大陸棚が200海里を越える場合や越えない場合において異なるけれども、いずれ

Ⅲ　沿岸国の領域管轄権が及ぶ海洋

にしても条約上は大陸棚とその上部水域及び上空は法的地位を異にする。

　しかしながら沿岸国の管轄権との関係において、これら大陸棚そのもの、上部水域及び上空の三者を含めた空間としての大陸棚の観念—このテキストでいう大陸棚空間—を考える必要があるように思われる。それについては後に触れるが、少なくともこのテキストにおいて、沿岸国の限定された領域管轄権が及ぶ海洋の一つの部分として捉えられている大陸棚は、そのような空間としての大陸棚—大陸棚空間—を想定している。(図1-b、c、d 参照)

Ⅲ-B-3-3-2　沿岸国の権能

Ⅲ-B-3-3-2-1　大陸棚の探査及びその天然資源の開発のための
　　　　　　　主権的権利

　《沿岸国は、大陸棚を探査し及びその天然資源を開発するため、大陸棚に対して主権的権利を行使する》(77条1項)。

　《1の権利は、沿岸国が大陸棚を探査せず又はその天然資源を開発していない場合においても、当該沿岸国の明示的な同意なしにそのような活動を行うことができないという意味において、排他的である》(同2項)。

　排他的経済水域における沿岸国の権能については、排他的経済水域を構成する海底及びその下とその上部水域の天然資源の探査、開発、保存及び管理のための主権的権利について規定しているが(56条1項(a))、大陸棚に関する沿岸国の権能については、大陸棚の探査及びその天然資源の開発のための主権的権利について規定している。両者の規定に二つの違いが指摘される。

一つは大陸棚に関する権能の場合、天然資源の保存、管理のための権能が抜けている。これについては保存管理は主として生物資源に関わる事項で、大陸棚の場合は主として非生物資源が問題となる点が指摘されるだろう。

　もう一つは一方は一定空間の天然資源の探査、開発といい、他方は一定空間の探査及びその天然資源の開発といっている。後者の場合、探査の対象が前者より広いといえるかもしれないが（次に述べる大陸棚掘削についての権能が経済的目的に限らず、あらゆる目的のための掘削についての権能であるように、大陸棚探査のための権能は天然資源の探査のための権能に限らず、天然資源を含むあらゆる対象のための権能であるというように）、上記77条1項の規定は、少なくとも英語正文に関しては、1958年の大陸棚条約2条1項と同文である。

　1958年海洋法条約の草案を審議した国際法委員会の審議過程では、あるいは大陸棚の天然資源の探査、開発という表現が、あるいは大陸棚の探査、その天然資源の開発という表現が用いられた。1956年の国連総会に提出された国際法委員会の条約法草案では、大陸棚の天然資源の探査、開発の表現の方がとられていた（68条）。1958年の第一次国連海洋法会議が採択した大陸棚条約では、大陸棚の探査、その天然資源の開発の表現が用いられた（2条1項）。このような過程において、この表現の違いが大きな論点になったことはなく、二つの表現の間には実質的な違いはないと見てよいのではなかろうか。

　77条2項の規定も1958年大陸棚条約2条2項の規定と実質的に同文である。この規定に関しては、排他的経済水域のところですでに取り上げた。

　いずれにしても大陸棚に対する沿岸国の権能は、大陸棚の探査及

びその天然資源の開発のための権能ということで、事項的に限定された権能である。事項的に限定された権能であるという意味において沿岸国の権能は主権とはいえないが、しかしその他の点では主権と共通性を有し、特にその行使が排他的であるために主権的権利であるといえる。(排他的経済水域と沿岸国の権能の項 参照)。

Ⅲ-B-3-3-2-2　その他の事項に関する権能

Ⅲ-B-3-3-2-2-1　大陸棚掘削に関する権能

《沿岸国は、大陸棚におけるあらゆる目的のための掘削を許可し及び規制する排他的権利を有する》(81条)。

この規定に関し、小田氏は次のようにいう。「本条は沿岸国の権利に関する規定である以上、77条に並記されても然るべきものであったろう」。「沿岸国があらゆる目的のための掘削を許可し規制する権利を持つということは、大陸棚に対する沿岸国の権利が第77条に言うような資源という限定目的のものにとどまるものでないことを示している」(『注解』p. 268)。

大陸棚掘削に関する沿岸国の権能は、排他的経済水域における人工島に関する沿岸国の権能と同様に、その目的の如何を問わない。人工島に関しては、排他的経済水域の場合も大陸棚の場合も、建設の許可、規制の権利のほかに、沿岸国による建設の権利も規定されているが、81条は、沿岸国による掘削の権利に触れていない。しかし掘削の権利も当然含むものと考えられる。

あらゆる目的のためのものであっても、沿岸国の権能は掘削という事項に限定される権能である。その事項に関して沿岸国は立法的管轄権及び執行的管轄権を有する。その権能は排他的であると規定

されている。条約はその表現を用いていないが、主権的権利と実質的に異なるところはないと思われる。

Ⅲ-B-3-3-2-2-2　海洋構築物に関する権能

《第60条［排他的経済水域における人工島、施設及び構築物］の規定は、大陸棚における人工島、施設及び構築物について準用する》(80条)。

これによって沿岸国は、排他的経済水域におけると同様、大陸棚において（正確にいうと大陸棚空間において）海洋構築物（目的を問わない人工島、経済的目的の施設及び構築物）を建設する排他的権利、それらの建設、運用及び利用を許可し、規制する排他的権利を有する。また排他的経済水域におけると同様、沿岸国は海洋構築物に対して、通関上、財政上、保健上、安全上及び出入国管理上の法令に関する管轄権を含む排他的管轄権を有する。

大陸棚における人工島等といっても、人工島という以上、それは排他的経済水域の場合と同様、上部水域に設けられるものであろう。沿岸国は、大陸棚上部水域において、排他的経済水域の上部水域におけると同様に、海洋構築物に関する排他的権利を有する。

大陸棚の上部水域、すなわち排他的経済水域を設定していない国の大陸棚の上部水域及び排他的経済水域を設定している国で200海里を越えて法的大陸棚が存在する場合はその大陸棚の上部水域は条約上は公海とされる。公海においては公海の自由としてすべての国に人工島等を建設する自由が認められることになっている（87条1項(d)）。しかし大陸棚の上部水域としての公海には、沿岸国に人工島等に関する排他的権利が認められ、他の国に人工島等を建設する自由は認められない。大陸棚上部水域を、そこにおいて沿岸国が人

Ⅲ　沿岸国の領域管轄権が及ぶ海洋

工島等を建設する排他的権利を持ち、沿岸国の限定された領域管轄権の及ぶ大陸棚空間の一部として捉え、通常の公海から区別する必要性は、この点からもいえるであろう。

Ⅲ-B-3-3-2-2-3　海洋の科学的調査に関する権能

　排他的経済水域におけると同様に、沿岸国は、大陸棚における海洋の科学的調査を規制し、許可し及び実施する権利を有する（246条1項）。

　他国による大陸棚における海洋の科学的調査は、沿岸国の同意を得なければ実施できない（同2項）。

　大陸棚における海洋の科学的調査といっても、調査活動は実際には大陸棚の上部水域ないし上空で行われるであろう。排他的経済水域を設定していない国の大陸棚の上部水域及び200海里を越える法的大陸棚の上部水域は条約上は公海とされているけれども、公海においてすべての国に認められる科学的調査の自由（87条1項(f)）は、大陸棚の上部水域に関しては、沿岸国の科学的調査に関する権能によって制限される。大陸棚の上部水域を通常の公海から区別する必要性はこの点からもまたいえるであろう。

Ⅲ-B-3-3-2-2-4　海洋環境の保護保全に関する権能

　排他的経済水域におけると同様に、沿岸国は海洋環境の汚染の防止、軽減及び規制のため、大陸棚への投棄による汚染の防止、軽減及び規制のための法令制定権（立法的管轄権）を有する（210条1項）。

　また排他的経済水域におけると同様に、沿岸国は海洋環境の汚染の防止、軽減及び規制のため、大陸棚への投棄による汚染の防止、

軽減及び規制のための執行的管轄権を有する (216条1項(a))。

Ⅲ-B-3-3-2-3　大陸棚、その上部水域及び上空の領域性

Ⅲ-B-3-3-2-3-1　大陸棚の上部水域及び上空の通常の公海及び上空からの区別

　排他的経済水域を設定しない国の場合、領海の海底の外に展開する大陸棚の上部水域は条約上公海であり、その上空は条約上公海上空である。排他的経済水域を設定する国で同水域の外に法的大陸棚が存在する国の場合は、その大陸棚の上部水域は条約上公海であり、その上空は条約上公海上空である。

　1982年条約78条1項は、《大陸棚に対する沿岸国の権利は、上部水域又はその上空の法的地位に影響を及ぼすものではない》と規定しているけれども、上にみたように、少なくとも海洋構築物及び海洋科学的調査に関する限り、大陸棚の上部水域または上空において、これらの事項に関し沿岸国に認められる権能によって、公海の自由としてすべての国に認められる「人工島その他の施設を建設する自由」及び「科学的調査を行う自由」は制限される。

　少なくともそのような意味において、大陸棚の上部水域及びその上空は条約上は公海及びその上空とされているけれども、そのような大陸棚の上部水域及びその上空は、大陸棚の上部水域及びその上空を除く公海及びその上空（正確にいえば、さらに排他的経済水域を設定している国で同水域を越える法的大陸棚を有しない国の同水域の外の公海及びその上空）、換言すれば後述の深海底の上部水域としての公海及びその上空から区別される。

Ⅲ　沿岸国の領域管轄権が及ぶ海洋

Ⅲ-B-3-3-2-3-2　空間としての大陸棚―大陸棚空間―の領域性

　大陸棚を探査し、その天然資源を開発するための活動が実際に行われるのは、条約で定義されている海底そのものとしての大陸棚においてだけでなく、それよりもむしろその上部水域及び上空においてである。そうであるとすれば沿岸国は、大陸棚の探査及びその天然資源の開発という事項に係わる主権的権利の行使として、条約所定の事項に係わる立法的管轄権及び執行的管轄権を上部水域及び上空を含む空間としての大陸棚ないし大陸棚空間に及ぼさざるを得ない。また条約所定の事項に係わる主権的権利の行使として、そのような立法的管轄権及び執行的管轄権を上部水域及び上空を含む大陸棚空間に及ぼし得ると理解される。

　そのように考えるとすれば、大陸棚の上部水域及びその上空は、上述のように深海底の上部水域としての公海及びその上空から区別されるというだけでなく、大陸棚そのものとともに沿岸国の管轄権が及ぶ大陸棚空間を構成する一部分として捉えることができるであろう。この管轄権は排他的経済水域における場合と同様に、事項的に限定された領域管轄権と見ることができるだろう。限定された領域管轄権であるとはいえ、空間的ないし領域的な管轄権が及ぶという意味において、大陸棚及びその上部水域、上空を含む大陸棚空間も、排他的経済水域と同様に、沿岸国の領域性を示すといえるだろう。

　初めに見たように、大陸棚は国連海洋法条約上、海洋の基本的区分の一つではない。しかし上に見たように沿岸国の管轄権との関係で見た場合、上部水域と上空を含めた大陸棚空間を、排他的経済水域と同様に海洋の一つの区分として、排他的経済水域や公海から区

別される海洋の区分の一つとして、見ることもできるのではないかと思われる。

　排他的経済水域をとらない国にとっては、海洋は内水、領海、大陸棚、公海が問題となり、排他的経済水域をとる国については、場合により内水、領海、排他的経済水域、公海が、または内水、領海、排他的経済水域、大陸棚、公海が問題となる。この場合大陸棚は大陸棚空間の意味の広義の大陸棚として理解する。沿岸国の完全な、または限定された領域管轄権との関係において海洋の区分ないし分類を考えるこのテキストは基本的にはそのような考え方に立っている。

Ⅲ-B-3-3-2-3-3　条約上の規定の不在

　限定された事項に関してではあれ、大陸棚空間において、排他的経済水域におけると同様、沿岸国は人的に限定されることなく―大陸棚空間にいるすべての者に関して人的に限定されることなく（国籍によって区別されることなく）というわけではなく、沿岸国の権能が認められる事項に係わりを持つ者に関する限りにおいて人的に限定されることなくという意味ではあるが―適用される立法的管轄権及び執行的管轄権を有すると思われる。

　ただ第Ⅴ部「排他的経済水域」と第Ⅵ部「大陸棚」における両制度の規定を比較した場合、後者には前者の58条3項に類する規定が見られない。同項は条約に基づいて沿岸国が制定する法令が排他的経済水域において適用されることを前提としている規定である（「排他的経済水域の領域性」参照）。また大陸棚に関しては、排他的経済水域における73条のような規定も存在しない。同条1項は沿岸国は排他的経済水域において、沿岸国が制定する法令の遵守を確

Ⅲ　沿岸国の領域管轄権が及ぶ海洋

保するために必要な措置（検査、拿捕等）をとることができる旨を規定している（排他的経済水域における「沿岸国の権能」の「立法的管轄権及び執行的管轄権」参照）。

　要するに排他的経済水域に関しては、そこにおいて適用される立法的管轄権及び執行的管轄権を明示する規定が置かれているが、大陸棚に関してはその上部水域や上空にも適用される立法的及び執行的管轄権に関する明示の規定が存在しない。しかしながら明示の規定の有無にかかわらず、沿岸国は大陸棚に対する権能の行使として、上部水域や上空にも適用される法令を制定しなければならないであろうし、またその法令の遵守を確保するために上部水域や上空において必要な措置をとることが認められなければならないであろう。この点に関し、追跡権の大陸棚への準用の規定は、このことを認めている規定といえる。

Ⅲ-B-3-3-2-3-4　追跡権の大陸棚への準用

　追跡権に関する111条は、「接続水域の法的地位」のところで引用した1項に続いて次のように規定している。

　《追跡権については、排他的経済水域又は大陸棚（大陸棚上の施設の周囲の安全区域を含む。）において、この条約に従いその排他的経済水域又は大陸棚（当該安全区域を含む。）に適用される沿岸国の法令の違反がある場合に準用する》（同2項）。

　安全区域については排他的経済水域における海洋構築物に関する規定の中に規定されている（60条4、5項）。沿岸国は、航行の安全及び海洋構築物の安全を確保するために適当な措置をとり得る安全区域を、海洋構築物の周囲に500メートルの範囲内において設定することができる。安全区域は排他的経済水域の海洋構築物について

設けることができ、また大陸棚上部水域の海洋構築物についても設けることができる（80条）。

ところで111条2項によれば、追跡権は排他的経済水域において（もちろんその中に含まれる海洋構築物の安全区域も含んで）、排他的経済水域に適用される沿岸国の法令の違反が行われる場合に行使される。大陸棚に関しては、《大陸棚（大陸棚上の施設の周囲の安全区域を含む。）》といっているから、この大陸棚は条約の定義する海底そのものとしての大陸棚をいっているようである。とすると安全区域以外の大陸棚上部水域は含まないということになる。ということはこの規定によれば、沿岸国の法令が行われるのは、海底としての大陸棚及び上部水域のうちの安全水域だけということになる。

これは極めて奇妙な考え方である。大陸棚の探査及びその天然資源の開発のため沿岸国に主権的権利を認める以上、その行使としてこれらの事項に関わる立法的管轄権及び執行的管轄権を上部水域及び上空にも及ぼし得ると考えなければ不合理である。

そこで沿岸国の一定の法令が適用されるのは、排他的経済水域におけると同様、上部水域及び上空を含む大陸棚空間においてであると見るべきであろう。小田氏も次のようにいう。「本条（111条2項）の規定も、むしろ《大陸棚上部水域において》とするのが法の論理からいっても当然であろう。ただし、ここで安全区域に言及されているのは適当でないであろう。安全区域は大陸棚上部水域の一部であって、当然のことを規定しているにすぎないからである」（『注解』、306頁）。

前にも述べたが上部水域及び上空を含む大陸棚空間において、排他的経済水域におけると同様、事項的には限定されるが沿岸国の立法的管轄権及び執行的管轄権が適用される。こうして追跡権（継続

Ⅲ　沿岸国の領域管轄権が及ぶ海洋

追跡権)は、上部水域及び上空を含む大陸棚空間に適用される沿岸国の法令の違反が大陸棚空間内において行われた場合に行使され得ると見るべきであろう。

Ⅲ-B-3-3-3　外国の使用の自由

Ⅲ-B-3-3-3-1　大陸棚の使用の自由

《すべての国は、この条の規定に従って大陸棚に (on the continental shelf) 海底電線及び海底パイプラインを敷設する権利を有する》(79条1項)。

ただし沿岸国から一定の規制を受けることがある。すなわち沿岸国は、大陸棚の探査、天然資源の開発のため、またパイプラインからの汚染の防止等のため、必要な措置をとる権利を保持する(同2項)。またパイプラインの経路について沿岸国の同意を必要とする(同3項)。

海底電線及び海底パイプライン敷設の自由は、公海条約においても (2条)、1982年条約においても (87条)、公海の使用の自由の一つとしてあげられている。この自由の大陸棚への伸長である。

Ⅲ-B-3-3-3-2　上部水域、上空の使用の自由

大陸棚に対する沿岸国の権利は、上部水域や上空の法的地位に影響を及ぼさないと条約は規定しているから (78条1項)、排他的経済水域を設定しない場合及び200海里を越える大陸棚の場合は、規定上は大陸棚の上部水域及び上空には公海自由の原則が適用されるはずである。

しかし既に沿岸国の権能で見たように海洋構築物を建設する権能

は沿岸国に排他的に認められる (80条)。また海洋の科学的調査に関する権能も沿岸国が有する (246条)。従って外国は「人工島その他の施設を建設する自由」及び「科学的調査の自由」を有しない。そこで上部水域及び上空において外国に認められる自由は、「航行の自由」、「上空飛行の自由」及び「漁獲の自由」の三つということになる。

　かくして大陸棚及び上部水域、上空で認められる外国の使用の自由は、海底電線及び海底パイプライン敷設の自由、航行の自由、上空飛行の自由、漁獲の自由の四つとなる。これらは公海条約であげられている四つの伝統的自由のすべてである。漁獲の自由が認められることから、排他的経済水域の場合には適用されなかった第Ⅶ部第2節 (公海における生物資源の保存及び管理) も大陸棚上部水域に関しては適用されることになる。その点から見ても、大陸棚上部水域及び上空は排他的経済水域より公海性が強いといえる。

　しかし1982年条約があげている六つの自由のうち、「人工島その他の設備を建設する自由」及び「科学的調査の自由」の二つを含まないことから、大陸棚の上部水域及び上空は深海底上部水域としての公海から区別されるだろう。

　さらに「大陸棚、上部水域、上空の領域性」のところで述べたように、上部水域及び上空を含む大陸棚空間に、事項的に限定されるとはいえ、沿岸国の立法的管轄権及び執行的管轄権が及ぶとすれば、そこにおいて外国に認められる航行の自由、上空飛行の自由、漁獲の自由も、沿岸国の管轄権が認められる事項に係わる外国船舶及び航空機 (例えば大陸棚の探査活動に従事しようとする外国船舶、航空機) に関しては、沿岸国の立法的管轄権及び執行的管轄権の対象となり得るという点において、すなわち沿岸国からの規制を受け得る

Ⅲ 沿岸国の領域管轄権が及ぶ海洋

という点において、深海底の上部水域及び上空である公海及びその上空においてすべての国に認められる航行の自由、上空飛行の自由及び漁獲の自由から区別されるであろう。この点からも大陸棚の上部水域、上空は、国家の領域管轄権とは両立しない公海から区別して考えるのが妥当であると思われる。

Ⅲ-B-3-3-4　200海里を越える大陸棚についての特別の制度

1982年条約は、200海里を越える大陸棚に関して特別の制度を設けている。

《沿岸国は、領海の幅を測定する基線から200海里を超える大陸棚の非生物資源の開発に関して金銭による支払又は現物による拠出を行う》(82条1項)。

《支払又は拠出は、鉱区における最初の5年間の生産の後、当該鉱区におけるすべての年産に関して毎年行われる。6年目の支払又は拠出の割合は、当該鉱区における生産額又は生産量の1パーセントとする。この割合は、12年目まで毎年1パーセントずつ増加するものとし、その後は7パーセントとする。生産には、開発に関連して使用された資源を含めない》(同2項)。

《その大陸棚から生産される鉱物資源の純輸入国である開発途上国は、当該鉱物資源に関する支払又は拠出を免除される》(同3項)。

《支払又は拠出は、機構［国際海底機構］を通じて行われるものとし、機構は、開発途上国、特に後発開発途上国及び内陸国である開発途上国の利益及びニーズに考慮を払い、衡平な配分基準に基づいて締約国にこれらを配分する》(同4項)。

200海里までの大陸棚ないし排他的経済水域の海底に関しては、その資源を沿岸国が独占することができる。国家の管轄権の及ぶ区

域の境界の外の海底及びその下（200海里排他的経済水域の外の海底及びその下又は200海里を越える大陸棚の外側の限界の外の海底及びその下、すなわち国連海洋法条約上、「深海底」と呼ばれる部分）及びその資源は、後述のように「人類の共同の財産」とされ、その資源の開発活動から得られる利益は、人類全体の利益のために、国際海底機構を通して衡平に配分される（140条2項、Ⅳ-0-2-4-3-1-1）。

　大陸棚が200海里を越えて存在している場合には、200海里を越える部分についての天然資源の開発については、200海里までの大陸棚と同様に、沿岸国が主権的権利を持つが、その開発から得られた利益については、その一部を国連海洋法条約の締約国に、ひいては全人類のために提供する。その意味において、200海里を越える大陸棚に関しては、深海底の制度を規律する基本的原則である人類の共同財産の原則が一部派生してきて、200海里までの大陸棚とは異なる特別の制度が見られる。

Ⅳ　沿岸国の領域管轄権が及ばない海洋

Ⅳ-0-1　公　海〔High seas, Haute mer〕

英語でも仏語でも海岸線より高く見える沖合の海を表す高い海という表現が用いられるが、日本語ではすべての国が自由に使用できる公の海という表現が用いられている。

Ⅳ-0-1-1　公海と海洋法条約

17世紀前半の有名なグロティウス・セルデン海洋論争の後、次第にグロティウスの唱える海洋自由の考え方が広く支持されるようになる。それと平行して次第に領海の制度が成立し、海洋自由の原則は、内水、領海を除く公海自由の原則として、国際法上確立されていく。

第二次大戦後、陸における富の不公平な配分の是正を海に求めて、主として第三世界の国々による広大な海への一方的な権利拡張が主張された（もっともその切っ掛けを与えたのは、1945年のアメリカのトルーマン宣言であった）。それにもかかわらず1958年の第一次国連海洋法会議は、伝統的な公海自由の原則に基づいて、「公海に関する条約」と「漁業及び公海の生物資源の保存に関する条約」を採択した。公海自由の原則は1982年の国連海洋法条約によっても守られた。しかしこの原則が完全な形で適用される公海は、海岸から200海里以上の沖合に退いた。

1958年の公海条約は実質規定29ヵ条、1982年条約第Ⅶ部「公海」は35ヵ条からなる。

Ⅳ-0-1-2　公海の範囲

Ⅳ-0-1-2-1　両条約の規定

1958年の公海条約1条は、《「公海」とは、いずれの国の領海又は内水にも含まれない海洋のすべての部分をいう》と規定している。

国連海洋法条約Ⅶ部「公海」の冒頭の86条は、「この部の規定の適用」のタイトルのもとに次のように規定している。

《この部の規定は、いずれの国の排他的経済水域、領海若しくは内水又はいずれの群島国の群島水域にも含まれない海洋のすべての部分に適用する。この条の規定は、第58条の規定に基づきすべての国が排他的経済水域において享有する自由にいかなる制約も課するものではない》。

Ⅳ-0-1-2-2　第三次国連海洋法会議における二種の提案

第三次国連海洋法会議において、新しく登場した排他的経済水域及び群島水域への国家管轄権の拡張との関連で、公海の新しい定義が問題となった。公海は領海、内水または群島水域に含まれない海洋のすべての部分をいうという定義（例えば第6会期（1977年）における西ドイツ（当時）の提案）と、公海は排他的経済水域、領海、内水または群島水域に含まれない海洋のすべての部分をいうという定義（同会期におけるカスタネダ・グループの提案）が問題とされた。

西ドイツの提案は、そのように公海を定義すると共に、その後に、条約の排他的経済水域（及び大陸棚）の章に規定されている沿岸国

Ⅳ 沿岸国の領域管轄権が及ばない海洋

の権利を害することなく、という条件が付されている。ということは公海をそのように定義することによって、排他的経済水域は公海に含まれることになるが、だからといって条約によって排他的経済水域において<u>沿岸国に認められる権利</u>は害されることはないということが強調されている。

カスタネダ・グループの提案は、公海をそのように定義すると同時に、その後に、条約の排他的経済水域の章に規定されている排他的経済水域内においてすべての国が享有する自由に対していかなる制約も課すことなく、という条件が付されている。ということは公海をそのように定義することによって、排他的経済水域は公海から分離されることになるが、だからといって条約によって排他的経済水域において<u>すべての国が享有している自由</u>についてはいかなる制約も課されることはないという点が強調されている。

Ⅳ-0-1-2-3 排他的経済水域は公海ではない

後に非公式統合交渉草案、同改訂版、さらに条約草案にとり上げられていったのは、排他的経済水域を公海から分離するカスタネダ・グループの提案であった。ただカスタネダ・グループの提案は、二者択一的に二つの案を含んでいた。第一案は上に述べたように、公海はこれこれであるというように、いわゆる「公海の定義」から出発するものであり、第二案は公海の章（ないし部）の規定はこれこれに適用されるというように、やや変形された形の定義から出発するものである。その後の討議を経て、この第二案が「公海の定義」ではなく「この部の規定の適用」のタイトルを付されてとり上げられて行く。そして技術的な修正を受けて国連海洋法条約86条となっていく。86条の規定の後段の、条約所定の規定に基づいて

排他的経済水域においてすべての国が享有する自由にいかなる制約も課さないということが強調される点は、第一案と同じである。ということは排他的経済水域は公海から分離され、排他的経済水域は公海ではないけれども、58条の規定に基づいて排他的経済水域においてすべての国が享有する自由（87条「公海の自由」に定める自由のうち航行の自由、上空飛行の自由、海底電線・海底パイプライン敷設の自由など）についてはいかなる制約も課されることはないという趣旨である。

従って国連海洋法条約には「この部（公海）の規定の適用」の規定はあるが、公海条約1条のようないわゆる「公海の定義」の規定がないということを理由として、排他的経済水域を公海の一部と見る見方があるが、そのような見方は正しくないと思われる。国連海洋法条約上、排他的経済水域は公海から区別される別個の海洋の区分と見るべきである。

Ⅳ-0-1-2-4　残余権の規定との関係

排他的経済水域のところで見たように、国連海洋法条約は、排他的経済水域における種々の活動のうち、一方において一定の活動に関する権利を排他的に沿岸国に認めると同時に、他方において一定の活動に関する自由をすべての国に認めている。経済水域における沿岸国の権利が認められる活動とすべての国の自由が認められる活動を除いたそれ以外の残りの活動に関する権利ないし自由は、沿岸国が持つのかそれともすべての国に属するのかといういわゆる残余権の問題がある。それについて国連海洋法条約はそのいずれに属するとも規定せず、《当事国及び国際社会全体にとっての利益の重要性を考慮して、衡平の原則に基づき、かつ、すべての関連する事情

IV 沿岸国の領域管轄権が及ばない海洋

に照らして解決する》(59条)とのみ規定している（Ⅲ-B-2-4-4)。

排他的経済水域は領海ではないから、残余権が問題になったときそれが自動的に沿岸国に帰属することはない。と同時にそれが自動的にすべての国に帰属することもない。排他的経済水域は公海ではないからである。この残余権に関する規定からも、国連海洋法条約上、排他的経済水域は公海から区別される特別の海洋の部分であることが分かる。

Ⅳ-0-1-2-5 沿岸国の領域管轄権との関係

なお国家管轄権との関係でいえば、排他的経済水域には前に見たように限定された事項に関してではあるが沿岸国の領域管轄権が及ぶ。公海は本質的に国家の領域管轄権とは相容れない。事項的の限定された領域管轄権であるとはいえ、領域管轄権の性質を持つ国家管轄権が及ぶという意味において、排他的経済水域は公海から区別さるべきであり、公海の一部と見ることは正しくない。一般に理解されているように、排他的経済水域は、領海でもない、公海でもない独自の（スイ・ゲネリス (sui generis)）海洋の部分と見るべきであろう。

Ⅳ-0-1-2-6 国連海洋法条約上の公海の範囲

従って国連海洋法条約上、公海の範囲は、諸国の内水、領海、群島水域、排他的経済水域を除いた海洋のすべての部分ということになるだろう。

なおこれも前に見たように、大陸棚、その上部水域及び上空を含む大陸棚空間にも、条約所定の事項に限定されているが沿岸国の領域管轄権が及ぶ。国連海洋法条約は大陸棚上部水域（排他的経済水

域を設定しない国の大陸棚上部水域及び排他的経済水域を設定する国の200海里を越える大陸棚の上部水域）を公海と見るが、このテキストではこの大陸棚上部水域を、沿岸国の事項的に限定された領域管轄権の及ぶ大陸棚空間の一部を構成するものとして、公海から区別している。この考え方をとると、国家の完全なまたは限定された領域管轄権が及ばない、そして国家の管轄権との関係で公海自由の原則が完全に適用される公海の範囲は、第XI部が規定する深海底の範囲と一致する。もっとも後述の国際海底機構の管轄権との関係は別個の問題である。

Ⅳ-0-1-2-7　89条との関係

国連海洋法条約89条は、《いかなる国も、公海のいずれかの部分をその主権の下に置くことを有効に主張することはできない》と規定している。この主権は領海における沿岸国の主権と同様、領域主権＝完全な領域管轄権と理解される。公海は国家の領域管轄権と両立しないから、この規定そのものはもちろん問題はない。しかし逆にいって、国家の主権の下に置くことを有効に主張することのできない海洋の部分が公海であるといってしまうと、それは正しくはない。排他的経済水域は、国家がそこにおいて主権を有効に主張することはできないが、しかしだからといってそこは公海なのではなく、沿岸国がそこにおいて天然資源の探査、開発、保存及び管理のための主権的権利（いわゆる事項的に限定された領域管轄権）を有するがゆえに、そこは公海から区別される国家管轄水域なのである。大陸棚空間に関しても同様に考えられる。

IV 沿岸国の領域管轄権が及ばない海洋

IV-0-1-3　公海の法的地位

　今まで見てきた内水、領海、排他的経済水域、大陸棚などは特定の沿岸国の完全な、または限定された領域管轄権が及ぶ空間である。従ってそれらの法的地位を考える場合、そこにおける沿岸国の権能と外国の使用の自由という観点から考察した。しかし公海においてはいずれの国の領域管轄権も及ばない。従って公海については特定の沿岸国というものは原則として存在しない。

　そこで公海についてはすべての国との関係においてその法的地位が問題となる。この観点から、第一に公海にはいずれの国の領域管轄権も及ばないということ及びそのことの結果に関連して、公海自由の原則が問題となる。第二に公海にはいずれの国の領域管轄権も及ばないが、公海が国家の管轄権と無関係というわけではなく、公海における国家の管轄権（領域管轄権以外の管轄権）の問題として、公海を航行する自国船にのみかかわる管轄権（人的管轄権）であるが、公海における旗国の排他的管轄権の原則が問題となる。

IV-0-1-3-1　公海自由の原則

IV-0-1-3-1-1　二条約の規定の比較

　公海条約2条は次のように規定している。

《公海はすべての国民に開放されているので、いかなる国も、公海のいずれかの部分を、その主権の下におくことを有効に主張することができない。公海の自由は、この条約の規定及び国際法の他の規則で定める条件に従って行使される。この公海の自由には、沿岸国についても、非沿岸国についても、特に次のものが含まれる。

(1) 航行の自由
(2) 漁獲の自由
(3) 海底電線及び海底パイプラインを敷設する自由
(4) 公海の上空を飛行する自由

これらの自由及び国際法の一般原則によって承認されたその他の自由は、すべての国により、公海の自由を行使する他国の利益に合理的な考慮を払って行使されなければならない》。

また国連海洋法条約87条は次のように規定している。

《1　公海は、沿岸国であるか内陸国であるかを問わず、すべての国に開放される。公海の自由は、この条約及び国際法の他の規則に定める条件に従って行使される。この公海の自由には、沿岸国及び内陸国のいずれについても、特に次の自由が含まれる。

(a) 航行の自由
(b) 上空飛行の自由
(c) 海底電線及び海底パイプラインを敷設する自由。ただし、第Ⅵ部の規定の適用が妨げられるものではない。
(d) 国際法によって認められる人工島その他の施設を建設する自由。ただし、第Ⅵ部の規定の適用が妨げられるものではない。
(e) 第2節に定める条件に従って漁獲を行う自由
(f) 科学的調査を行う自由。ただし、第Ⅵ部及び第ⅩⅢ部の規定の適用が妨げられるものではない。

2　1に規定する自由は、すべての国により、公海の自由を行使する他の国の利益及び深海底における活動に関するこの条約に基づく権利に妥当な考慮を払って行使されなければならない》。

これら二つの規定を比較すると、いくつかの相違が見られる。四つの自由が六つの自由になったことのほかに、次の二つの相違点を

Ⅳ　沿岸国の領域管轄権が及ばない海洋

指摘することができる。

　第一に公海条約2条の冒頭に規定される公海における主権の主張の禁止に関する規定が1982年条約87条には含まれていない。第二に公海条約では、公海の自由には特に次のものが含まれるとして四つの自由をあげ、さらに「その他の自由」について触れているが、1982年条約では、特に次のものが含まれるとして六つの自由をあげるが、「その他の自由」についての付言はない。

　まず第一の相違点については、1982年条約には87条とは別に89条の規定があることが指摘される。

　《いかなる国も、公海のいずれかの部分をその主権の下に置くことを有効に主張することができない》(89条)。

　要するに、公海条約2条の規定が、1982年条約では87条と89条の2ヵ条に分けられたということである。公海条約2条のように、公海における国家の主権の不在を規定し、その結果としての公海における国家の行動の自由を規定するのが、論理的であろう。

　次に第二の相違点については、1982年条約には「その他の自由」について触れていないが、あげられている六つの自由が、公海自由のすべてではないことは、「特に (inter alia) 次の自由が含まれる」という表現からも明らかであろう。いずれにしても1958年条約以後の状況の変化が公海条約の四つに自由のほかにさらに二つの自由を例示させることになったと思われる。

Ⅳ-0-1-3-1-2　公海自由の二つの意味

　1958年の公海条約も1982年条約も、公海の自由というのは具体的には航行の自由とか漁獲の自由というように航行とか漁業という活動を行う自由である。活動の主体は後で述べるように国家である。

海洋国際法入門

要するに公海の自由とは、公海において国家が有する活動の自由である。

ところで国家がそのような活動の自由を有するのは、公海がすべての国ないし国民に開放されており、公海がいずれの国の主権のもとに置かれていないからである。この主権は、領海における主権（領海条約1条、国連海洋法条約2条）と同様、領域主権の意味であり、完全な領域管轄権である。国家の領域主権ないし完全な領域管轄権の及ぶ空間が国家の領域である。公海にいずれの国の主権も及ばないということは、公海はいずれの国の領域にも属さないということである。すなわち公海はいずれの国の領域への帰属から自由であるということである。このようないずれの国の帰属からも自由であるという公海そのものの地位を表すために、公海の自由という言葉が用いられることがある。

この辺の事情を学説は次のように説明する。公海の自由には二つの意味がある。一つは帰属からの自由—単に帰属の自由ともいわれる—であり、他は使用の自由—今日、科学的調査などを含めて活動の自由と呼ぶべきであろう—である。公海はいずれの国の帰属から自由である。従ってそこから使用の自由が生ずる。すなわち帰属の自由が基礎である。領海に主権の原則が適用され、公海に自由の原則が適用されるという場合、公海の自由の原則というのは、領海の主権の原則に対応して、何よりもまず、この帰属の自由の意味である。

公海条約は第2条にまず帰属の自由を規定し、次いで使用の自由を規定する。これに対し1982年条約は、公海自由の内容を二つに分けて、まず87条に活動の自由を規定し、次に89条に帰属の自由を規定している。このように公海条約と1982年条約は規定の仕方

Ⅳ　沿岸国の領域管轄権が及ばない海洋

を異にするが、いずれも帰属の自由と活動の自由の双方を規定しているという点において同じである。従って両者の主たる違いは、具体的にあげられている活動の自由が、四つから六つに増えたことである。

Ⅳ-0-1-3-1-3　公海における活動の自由

Ⅳ-0-1-3-1-3-1　六つの自由―国家の権利―

　前述のように、1982年条約は公海条約の挙げた四つの伝統的自由に、海洋構築物建設の自由と海洋科学的調査の自由の二つを加えて六つの自由を挙げた。これらの自由に関して、これらの自由を享有する主体は国家であること、そしてこれらの自由はまた国家の国際法上の権利として規定されることを指摘し得る。

　航行の自由に関して、90条は、《いずれの国も、沿岸国であるか内陸国であるかを問わず、自国を旗国とする船舶を、公海において航行させる権利を有する》と国家の権利の面から規定している。

　海底電線及び海底パイプライン敷設の自由に関して、112条1項は、《すべての国は、大陸棚を越える公海の海底に海底電線及び海底パイプラインを敷設する権利を有する》と同じく国家の権利の面から規定している。なお後述するように、大陸棚を越える公海の海底は条約上は深海底であって、深海底はその上部水域の公海とは別の法的地位に立つ。しかしこの規定は深海底はまた公海の海底として、公海の使用の自由のうちの海底電線及び海底パイプライン敷設の自由が適用されることを示している。

　112条1項の規定は大陸棚を越える公海の海底に関する規定であるが、排他的経済水域を設定しない国の大陸棚の上部水域及び排他

的経済水域を設定する国で200海里を超えて法的大陸棚が存在する国の場合のその上部水域は、条約上は公海である。条約は、すべての国が大陸棚に海底電線及び海底パイプラインを敷設する権利を有する旨を規定している（79条1項）。ただし前述したように大陸棚空間には、一定の事項に関し沿岸国の立法的管轄権、執行的管轄権が及び、それとの関連で大陸棚上への海底電線等を敷設する権利の行使は、大陸棚を越える公海の海底の場合と異なり、沿岸国からの規制を受ける。

　漁獲の自由に関して、116条は、《すべての国は、自国民が公海において次のものにしたがって漁獲を行う権利を有する》と規定している。邦文では権利の主体が国家なのか国民なのか余りはっきりしないが、英仏正文によれば、権利の主体は国家であることは明らかである。90条の表現にならえば、「いずれの国も、自国民を公海において漁獲に従事させる権利を有する」となるだろう。

　なお航行の自由については、自国船舶を航行させる権利といっているのに対し、漁獲の自由については、自国民を漁獲に従事させる権利という形の規定になっている。この点に関し次のことを指摘し得る。1982年条約116条に当る規定は、1958年条約では「漁業及び公海の生物資源の保存に関する条約」の1条1項である。《いずれの国も、……自国の国民が公海において漁業に従事する権利を有する》。1958年条約の場合、同条約14条に次のような規定がある。

　《第1条、第3条、第4条、第5条、第6条及び第8条において、「国民」とは、大きさのいかんを問わず、当該国の法令に従って、同国の国籍を有する漁業用の船舶又は舟艇をいうものとし、その乗組員の国籍のいかんを問わない》（14条）。

　つまり国民＝船舶である。1982年条約には上の14条のような規

Ⅳ 沿岸国の領域管轄権が及ばない海洋

定は見当たらないが、1982年条約の116条と1958年条約の1条1項の規定が実質的に同文であることから、1982年条約の116条の自国民も自国船の意味で用いていると見ることができるだろう。そうであるとすれば、116条はすべての国は公海において自国の漁船を漁獲に従事させる権利を有すると言い換えることができるだろう。いずれにしても漁獲ないし漁業の自由の主体は国家であり、漁獲ないし漁業の自由は国家の権利と見ることができる。

漁獲の自由は公海自由の伝統的な公海使用の自由の一つであり、国際法上いずれの国も公海において漁業の権利を有するとされるが、しかし現在、公海といえども、漁業活動が行われている水域で、なんらの制約もなく全く自由に操業できるところはほとんどないといわれる。多かれ少なかれ国際的な漁業資源保存条約や国際漁業委員会などのコントロールを受ける。

上空飛行の自由については航行の自由に関する90条のような規定はないが、同様に、いずれの国も自国の航空機を公海上空において飛行させる権利を有すると考えてよいだろう。

海洋構築物を建設する自由についても、第Ⅶ部［公海］には権利の面からの規定はない。しかし海洋構築物に関して排他的経済水域においては、それらをを建設する国家の権利について規定している（60条1項）ことからも、公海における海洋構築物を建設する自由も、海洋構築物を建設する国家の権利として捉えることができるだろう。ただしこの場合、国家が海洋構築物を建設する権利を有するのは、原則として条約上の公海から他国の大陸棚上部水域を除いた部分においてである（80条）。

科学的調査の自由についても、第Ⅶ部には権利の面からの規定はない。しかし第Ⅴ部［排他的経済水域］の56条1項(b)及び第ⅩⅢ

部［海洋の科学的調査］の246条によれば、排他的経済水域及び大陸棚における海洋の科学的調査は沿岸国の権利として規定される。また245条の領海における海洋科学調査の規定も同様である。公海における科学的調査の自由についても同様に国家の権利と考えることができる。要するに国家は公海（厳密にいえば他国の大陸棚上部水域を除く公海）において、科学的調査の権利を有する。

以上のことから、公海における活動の自由の主体は国際法上、国家であること、及び六つの自由は国家の権利として表現されるといえる。

なお領海の無害通航、国際海峡の通過通航、群島水域の群島航路帯通航などの場合、通航権の主体は船舶ないし航空機として規定されているが、厳密にいえば国際法上の通航権の主体は国家であり、従って例えば領海の無害通航権も他国の領海において国家が自国の船舶を航行させる権利ということになる。

Ⅳ-0-1-3-1-3-2　すべての国の権利

これらの自由ないし権利は、87条が規定するように公海においてすべての国が等しく享有する自由ないし権利である。特定の国家の排他的権利ではない。従って各国家がこれらの自由ないし権利を行使するに当たって、87条2項が規定するように、《公海の自由を行使する他の国の利益に妥当な考慮》を払わなければならない。ただしいずれの国も排他的な権利を有しているわけではないから、それぞれの国の自由ないし権利の行使が他国から規制されることはない。

Ⅳ-0-1-3-1-3-3　六つの自由以外の活動

《特に次のものが含まれる》として六つの自由が挙げられている

Ⅳ　沿岸国の領域管轄権が及ばない海洋

が、それ以外にどのような活動の自由が認められるかは明らかではない。公海におけるその他の活動として、特に海空軍による軍事演習が問題とされる。公海において軍事演習は現に行われてきた。しかし活動の自由の一つとしてそれを認めるか否かについては賛否両論がある。ただ条約の挙げる六つの自由と同様に、《公海の自由を行使する他の国の利益に妥当な考慮を払って》、例えば適当な予告を行い、演習水域を明示し、その演習水域も妥当な範囲と期間を限って設定し、他国に与えた損害には適当な補償を行うなどの合理的な考慮を払って行うという条件で、公海における軍事演習も適法とされる。

88条は《公海は、平和的目的のために利用されるものとする》と規定している。この規定がどのような具体的義務を国家に課しているか明らかではない。本条は公海における海空軍の活動それ自体を禁止したものではないとされる。ただ301条の《締約国は、この条約に基づく権利を行使し及び義務を履行するに当たり、武力による威嚇又は武力の行使を、いかなる国の領土保全又は政治的独立に対するものも、また、国際連合憲章に規定する国際法の諸原則と両立しない他のいかなる方法によるものも慎まなければならない》との規定とも関連し、国連憲章2条4項に違反する侵略目的などのための使用は、本条（88条）によっても禁じられていると見るべきであろう（小田『注解』285頁）。

Ⅳ-0-1-3-1-3-4　六つの自由が認められる公海の範囲

排他的経済水域を設定しない国の場合の大陸棚上部水域ないし同水域を設定する国の場合の200海里を越える大陸棚の上部水域においては、そこは条約上は公海ではあるが、他国は科学的調査の自由

海洋国際法入門

(ないし科学的調査権) 及び海洋構築物建設の自由 (ないし海洋構築物建設権) は認められない (246条1、2項、80条)。

海底電線及び海底パイプライン敷設の自由ないし権利は、他国の大陸棚 (上と同じ二つの場合) においては、沿岸国から規制を受ける (79条2、3項)。

他の国家との関係において六つの自由が認められる公海の範囲は、条約上の公海全域ではなく、大陸棚上部水域を除いた公海、換言すれば深海底の上部水域としての公海である。この点から見ても大陸棚上部水域は公海から区別されるべきであろう。(表2)

Ⅳ-0-1-3-2 旗国の排他的管轄権の原則

Ⅳ-0-1-3-2-1 船舶に対する旗国の排他的管轄権

《いずれの国も、船舶に対する国籍の許与、自国の領域内における船舶の登録及び自国の旗を掲げる権利に関する条件を定める。船舶はその旗を掲げる権利を有する国の国籍を有する。その国と当該船舶との間には真正な関係 (genuine link, lien substantiel) が存在しなければならない》(91条1項)。

《船舶は、一の国のみの旗を掲げて航行するものとし、国際条約又はこの条約に明文の規定がある特別の場合を除くほか、公海においてその国の排他的管轄権に服する。……》(92条1項)。

公海のいかなる部分にも、いずれの国の主権 (完全な領域管轄権) も及ばない (89条)。公海には主権のみならず、いかなる国の限定された領域管轄権も及ばない (ただし条約上は公海とされる大陸棚の上部水域、上空を除く)。

公海 (公海空間) には、国家の管轄権が領域管轄権として空間的

Ⅳ 沿岸国の領域管轄権が及ばない海洋

表2

A国	上空水域	内水	領海	経済水域	公海(条約上)86		経済水域	領海	内水	B国
					上部水域	公海				
	海底				大陸棚	深海底	(大陸棚)			
航行の自由			←----	← 58	← 78	87、90 → 87、90 ←	58 ---→			
飛行の自由				← 58	← 78	87 → 87 ←	58 →			
敷設の自由				79↘58 ←	79↘78、79 ←	87、112(1) → 87、112(1) ←	58↘79			
漁獲の自由				(56(1)(a))	← 78	87、116 → 87、116 ←	(56(1)(a))			
調査の自由			(245)	(246)	246	87 → 87 ←	(246)	(245)		
建設の自由					60	80	87 → 87 ←	60			

---→ 無害通航
↘ 沿岸国による規制

には及ばないが、しかし公海上の船舶に対しては、船舶の国籍を通して旗国（船舶の国籍国）の管轄権が及ぶ。公海上の船舶についてみる場合、それに対しては旗国の管轄権のみが及ぶという意味において、旗国の管轄権はその船舶に対して排他的な（独占的な）管轄権である。またこの管轄権は国籍を基礎とし、その国籍を有する者の範囲内に及ぶ管轄権であるから、人的管轄権といえる（国家の管轄権の存在の形式として、少なくとも領域管轄権と人的管轄権が挙げられることについては前述した）。公海における船舶に対する旗国の管轄権—人的管轄権—は、いずれの国の管轄権—領域管轄権—と衝突することはなく、立法的管轄権とともに執行的管轄権も含む。

　公海における船舶に対し旗国の管轄権が排他的に及ぶことの結果として、船内のすべての人（その人の国籍の如何を問わない）に対して旗国の管轄権—立法的管轄権及び執行的管轄権を含む管轄権—が及ぶ。船舶内の外国人には、その外国人の国籍を基礎とした国籍国の管轄権—人的管轄権—が及び、船舶内の外国人に対して、船舶の旗国の人的管轄権と外国人の国籍国の人的管轄権が競合するが、この場合、船舶の旗国はその船舶の安全な運航と船内の秩序を確保する責任を有するので、船舶の国籍を基礎とする船舶の旗国の管轄権が船内の外国人の国籍国の管轄権に優位し、外国人の国籍国の管轄権は立法的管轄権のみに限られる。その意味においては船舶内の外国人の地位は、一国領域内における外国人の地位に類似する。

Ⅳ-0-1-3-2-2　旗国の排他的管轄権の原則が果たす機能

　公海における船舶には旗国の管轄権のみが及ぶというこの旗国の排他的管轄権の原則の作用として、公海上を航行する船舶に対する外国からの一切の干渉行為は原則として排除される。こうしてこの

Ⅳ　沿岸国の領域管轄権が及ばない海洋

原則は公海における船舶の活動の自由を保障する。

またこの原則が果たすもう一つの機能として、公海における秩序と安全の維持がある。すなわち公海における自国船に対し旗国がそれぞれ管轄権を行使することによって、公海における秩序と安全の維持がはかられる。公海のいかなる部分にもいずれの国も領域管轄権を有しない。従って公海においては領域のように空間的に管理するという形では秩序維持の責任者は存在しない。そこで旗国の排他的管轄権の制度によって、船舶の旗国が公海における自国の船舶の活動についてそれぞれ責任を負うという形で、公海及び船内における秩序と安全の維持がはかられる。

Ⅳ-0-1-3-2-3　旗国の排他的管轄権の原則に対する例外

Ⅳ-0-1-3-2-3-1　軍艦等の場合

《公海上の軍艦は、旗国以外のいずれの国の管轄権からも完全に免除される》(95条)。

《国が所有し又は運航する船舶で政府の非商業的役務にのみ使用されるものは、公海において旗国以外のいずれの国の管轄権からも完全に免除される》(96条)。

軍艦(軍艦の定義については、「領海」の「軍艦の定義」参照)に関しては、公海上において、旗国以外のいかなる国の管轄権の行使から完全に免れ、旗国の排他的管轄権の原則に対するいかなる例外も存在しない。

軍艦以外でも、《国が所有し又は運航する船舶で政府の非商業的役務(government non-commercial service, service public non commercial)にのみ使用されるもの》についても同様である。その中には

国が所有するか否かにかかわらず、少なくとも国が運航する船舶で政府の非商業的役務に使用される船舶も含まれる。

Ⅳ-0-1-3-2-3-2　商船等の場合

95条及び96条に規定される船舶以外の船舶については、公海上における旗国の排他的管轄権の原則に対する例外が認められ、公海上において旗国以外の国の管轄権の行使を受けることがある。民間の商船がそのような船舶の代表であろう。しかし国が所有しまたは運航する船舶であっても、商業的役務に使用される船舶については、商船と同様の地位に服する。

旗国の排他的管轄権の原則が例外なく適用される95条及び96条に規定される船舶、以外の船舶に関しては、この旗国の排他的管轄権の原則に対する例外として、公海において臨検とか継続追跡という形で、旗国以外の国の軍艦等からの干渉行為を受けることがある。

Ⅳ-0-1-3-2-3-2-1　臨　検

《条約上の権限に基づいて行われる干渉行為によるものを除くほか、公海において第95条及び第96条の規定に基づいて完全な免除を与えられている船舶以外の外国船舶に遭遇した軍艦が当該外国船舶を臨検することは、次のいずれかのことを疑うに足りる十分な根拠がない限り、正当と認められない。

 (a) 当該外国船舶が海賊行為を行っていること。
 (b) 当該外国船舶が奴隷取引に従事していること。
 (c) 当該外国船舶が許可を得ていない放送を行っており、かつ、当該軍艦の旗国が前条の規定に基づく管轄権を有すること。
 (d) 当該外国船舶が国籍を有していないこと。

Ⅳ 沿岸国の領域管轄権が及ばない海洋

(e) 当該外国船舶が、他の国の旗を掲げているか又は当該外国船舶の旗を示すことを拒否したが、実際には当該軍艦と同一の国籍を有すること》(110条1項)。

《軍艦は、1に規定する場合において、当該外国船舶がその旗を掲げる権利を確認することができる。このため、当該軍艦は、疑いのある当該外国船舶に対し士官の指揮の下にボートを派遣することができる。文書を検閲した後もなお疑いがあるときは、軍艦は、その船内において更に検査を行うことができるが、その検査は、できる限り慎重に行わなければならない》(110条2項)。

<u>臨検の権利</u> 110条のタイトルは「臨検の権利」(right of visit, droit de visite) となっており、英仏語とも同じ表現が用いられている。仏語の visite は、通常、旗を掲げる権利の確認(船舶の国籍に関する書類の検査など)と、さらに疑いがある場合には船内の捜査(積荷の捜査や乗組員の取調べなど)をも含む言葉として用いられてきたが、英語ではこれら二種の行為を区別して visit and search の表現を用いてきた。従って right of visit は、国旗を掲げる権利を確認する権利を指す言葉として用いられた。

しかし110条でいう「臨検の権利」は、同条2項が規定するように、旗を掲げる権利を確認する権利だけではなく、疑いがある場合には船内において検査 (examination, examen) を行う権利も含む(なお1958年の公海条約22条にも類似の規定があるが、同条には right of visit の語は用いられていない)。

<u>臨検の対象となる船舶</u> 公海における旗国の排他的管轄権の原則によって、《第95条及び第96条の規定に基づいて完全な免除を与えられている船舶以外の船舶》も、原則として公海において外国からの管轄権の行使を受けない。

189

しかし110条1項によれば、そのような船舶、すなわち商船や国が所有しまたは運航する船舶であっても商業的役務に使用される船舶については、旗国の排他的管轄権の原則に対する例外として、国際法の定める一定の場合に、旗国以外の外国から臨検という形で管轄権（執行的管轄権）の行使を受けることがある。

<u>臨検が認められる場合【1】</u>　　国際法が定める一定の場合として、一つは《条約上の権限に基づいて行われる干渉行為》の場合である。

ある事項に関して関係国が特定の条約を結び、当事国相互間で条約違反の取締のため、条約によって認められる権能に基づいて、公海上において他の当事国の船舶に対して一定の干渉行為を行うことが認められる場合がある。

例えば、1884年の海底電線保護条約、1952年の日米加漁業条約、1957年の北太平洋におけるオットセイの保存に関する条約などがその例である。これらの条約の場合、条約違反の外国船舶に対する干渉行為は、臨検に止まらず、船舶の拿捕や、違反者の逮捕も含む（もっともこれらの場合において当事国に認められるのは拿捕する権利までであって、拿捕後は違反船を旗国に引渡さねばならず、違反船に対する裁判権は旗国のみが有する）。

<u>臨検が認められる場合【2】</u>　　国際法が定める一定の場合としてもう一つは、上記110条1項に基づいて、そこにあげられている(a)〜(e)のことを疑うに足りる十分な根拠がある場合に、嫌疑船に対しその船の国籍のいかんを問わず、また国籍の有無を問わず、公海上においていずれの国の軍艦にも認められる臨検の場合である。

110条1項は、公海上の船舶の海賊行為、奴隷取引、無許可放送、無国籍航行、国旗の不正使用の嫌疑に対して軍艦による臨検を認め

Ⅳ　沿岸国の領域管轄権が及ばない海洋

ている。それらの大部分に関する旗国の排他的管轄権の原則への例外については、従来慣習国際法の定めるところであったが、公海条約（22条）及び国連海洋法条約によって法典化された。

　臨検をなし得るもの　　110条1項は臨検をなし得るのは軍艦とされているが、軍艦だけでなく軍用航空機及び正当な権限を与えられている一定の船舶または航空機もまた臨検を行うことができる（110条4項、5項）。

　海賊行為の嫌疑　　海賊行為については101条に定義があり、同条から107条まで関連の規定がある。海賊船舶・航空機に対してはいずれの国も臨検し得るだけでなく、拿捕し、船内または機内の人を逮捕し、財産を押収することができる。また拿捕を行った国は自国の裁判所において裁判し、刑罰を科すことができる（105条）。

　なお従来、慣習国際法によって規律され、海洋法条約によって法典化された海賊行為の取締に関する制度は、いずれの国の領域主権も及ばない、従ってそこにおける秩序と安全を確保する責任者の存在しない公海における海賊行為に関するものである。最近問題となっている東南アジアなどにおける海賊行為は、本来、沿岸国が取締の責任を持つべき主権水域における海賊行為であって、別個の問題である。

　奴隷取引の嫌疑　　奴隷取引の禁止については19世紀以来幾多の条約が結ばれてきたが、奴隷取引の禁止及び奴隷取引に従事している疑いのある船舶に対する、旗国の排他的管轄権の例外としての臨検権は、今日では慣習法化したと思われる。

　このことは110条1項が、《条約上の権限に基づいて行われる干渉行為の場合を除くほか》、軍艦が臨検をなし得る場合の一つとして奴隷取引従事への嫌疑を挙げていることからも明らかである。

191

なお奴隷取引禁止条約に共通していたことは、旗国以外の条約当事国の軍艦に違反船に対する臨検の権利を認めるだけでなく、拿捕の権利をも認めたことである。ただし違反船に対する裁判権は旗国にのみ留保された。

　<u>無許可放送の嫌疑</u>　　無許可放送については公海条約には規定がなく、1982年条約によって新しく加えられた。無許可放送に関し109条に規定があり、同条2項は無許可放送の定義を与えている。無許可放送の問題及び無許可放送に従事している疑いのある外国船舶への臨検は、慣習国際法上のものではなく、国際電気通信連合（ITU）やヨーロッパ諸国の実行を背景にして、国連海洋法条約によって新たに規定されたものである。

　無許可放送の場合、臨検権を持つのはすべての国ではなく、条約の定める一定範囲の国に限られる（109条3項、4項）。一定範囲の国に限られるけれどもそれらの国は、無許可放送に従事している疑いのある外国船舶を臨検し得るだけでなく、無許可放送を行うものを逮捕し、船舶を拿捕し、機器を押収することができる。さらにそれらの国は裁判権をも持つ（同3項）。

　<u>国旗不正使用の嫌疑</u>　　船舶はそれぞれいずれかの国の国籍を有し、その国の旗を掲げる権利を与えられ、その国の旗のみを掲げて航行するものとされる（91条1項、92条1項）。

　110条1項(e)によれば、軍艦が公海上で遭遇した船舶が、外国の旗を掲げているが、その軍艦と同一の国籍を有することを疑うに足りる十分な根拠がある場合は、すなわちその船舶（自国船であると疑われる船）が国旗不正使用の嫌疑がある場合は、その船舶に対する軍艦の臨検は正当と認められる。ということは臨検の結果、外見上の外国船舶が自国船舶ではなく、真実の外国船舶であることが判

Ⅳ　沿岸国の領域管轄権が及ばない海洋

明したとしても、そのような嫌疑に基づく外国船舶への臨検は、旗国の排他的管轄権の原則の例外として認められるということである。

　同じく110条1項(e)によれば、軍艦が公海上で遭遇した船舶が、旗を掲げておらず、軍艦による旗の掲揚の要求に対してそれを拒否したが、軍艦と同一の国籍を有することを疑うに足りる十分な根拠がある場合は、その船舶（自国船と疑われる船）に対する軍艦の臨検は正当と認められる。ということは臨検の結果、外見上の無国籍船舶が自国船ではなく、外国船舶であることが判明したとしても、そのような嫌疑に基づく外国船舶への臨検は、旗国の排他的管轄権の原則の例外として認められる。旗の掲揚の拒否も国旗の消極的不正使用と見れば、この場合も国旗不正使用の嫌疑のケースと見られるだろう。

　また、軍艦が公海上で遭遇した船舶が、自国の旗を掲げているが、その船舶に国旗不正使用の嫌疑があり、軍艦による臨検が行われた場合、その船舶（外国船であると疑われる船）に対する臨検の結果、外見上の自国船舶が嫌疑どおり外国船であることが判明したとしても、そのような嫌疑に基づく外国船舶への臨検は、旗国の排他的管轄権の原則への例外と認められる。このことは慣習国際法上認められるとされるが、海洋法条約には規定されなかった。

　<u>無国籍の嫌疑</u>　《外国船舶が国籍を有していないこと》(110条1項(d))というのは珍妙な表現だけれども、軍艦が公海上で遭遇した船舶が、外国の旗を掲げているか、または掲げていないかにかかわらず、その船舶が無国籍であることを疑うに足りる十分な根拠がある場合は、その船舶（無国籍であると疑われる船）に対する軍艦の臨検は正当と認められる。ということは臨検の結果、外見上の外国船ないし無国籍船が、疑っていたような無国籍船ではなく、真実の

外国船舶であることが判明したとしても、そのような無国籍の嫌疑に基づく外国船舶への臨検は、旗国の排他的管轄権の原則への例外として認められる。

IV-0-1-3-2-3-2-2　継続追跡

継続追跡については接続水域、排他的経済水域、大陸棚との関連で既に触れた。沿岸国の完全な領域管轄権及び限定された領域管轄権の及ぶ海洋の部分（大陸棚空間を含む）において、従って多かれ少なかれ沿岸国の法令の及ぶ空間内において、その空間に適用されている法令に外国船舶が違反した場合に、その外国船舶に対する沿岸国の権限ある当局による追跡は、それが法令適用空間内に違反船がいる間に開始され、かつ中断されなかった場合には、公海にまで継続することができる。すなわち継続追跡の場合、外国船舶に対する沿岸国の軍艦等の追跡権（執行的管轄権）の行使は、公海においても認められる（111条1項、2項、3項）。

この追跡権は、被追跡船舶がその旗国又は第三国の領海に入ると消滅する（同3項）。ということは被追跡船が公海上にいる時だけでなく、被追跡船の旗国や第三国の排他的経済水域や大陸棚上部水域に入っても、追跡は継続され得るということである。

大陸棚上部水域（排他的経済水域をとらない国の大陸棚上部水域及び排他的経済水域をとる国の200海里を超える大陸棚の上部水域）は条約上は公海とされるから、そこにおいて追跡権の行使が認められることについては条約上特に規定の必要はないだろう。

しかし排他的経済水域は条約上公海から区別されているから、他国の排他的経済水域における追跡権の行使については特別の規定を必要とする。58条2項によれば、追跡権に関する111条の規定は、

Ⅳ　沿岸国の領域管轄権が及ばない海洋

第Ⅶ部「公海」第1節「総則」のその他の多くの規定とともに、《この部（第Ⅴ部［排他的経済水域］）の規定に反しない限り》、排他的経済水域についても適用される。

　いずれにしても公海における旗国の排他的管轄権の原則の例外として、沿岸国による追跡権の行使という形で公海上において旗国以外の国からの管轄権の行使を受けることがある。公海における追跡権の行使は当然拿捕を含む。拿捕された違反船に対しては追跡した沿岸国が裁判権を行使する。

Ⅳ-0-1-3-2-3-2-3　これらの例外が果たす機能

　まず海賊行為や奴隷取引の取締等については、公海における旗国の排他的管轄権の原則への例外を設け、公海において諸国の管轄権の競合を認めることによって、旗国の排他的管轄権の原則だけでは必ずしも十分に実現し得ない公海の秩序と安全の維持をはかろうとする。従ってこれらの例外の制度は、原則の制度が果たそうとする機能の一つを補強することによって、国際社会の共通利益の保護の機能を果たす。

　次に継続追跡については、沿岸国の管轄空間内において沿岸国の法令に違反した外国船舶に対し、一定の条件のもとにおいて、公海における旗国の排他的管轄権の原則の例外を設け、国家管轄空間外における権能の行使を認めることによって、国家管轄空間内における秩序と安全の維持を確保しようとする。従ってこの例外の制度は、上の場合と異なり、沿岸国の国家的利益の保護の機能を果たす。

Ⅳ-0-1-3-2-3-2-4　濫用に対する抑制

　一方においてこれらの例外が有用な機能を果たすとしても、他方、

195

これらの例外的な臨検権が濫用されると、今度は逆に旗国の排他的管轄権の原則が確保しようとする公海における自由な航行という国際社会の利益が損なわれる。そこで110条3項は次のように規定する。

《疑いに根拠がないことが証明され、かつ、臨検を受けた外国船舶が疑いを正当とするいかなる行為も行っていなかった場合には、当該外国船舶は、被った損失又は損害に対する補償を受ける》。

また111条8項は次のように規定する。

《追跡権の行使が正当とされない状況の下に領海の外において船舶が停止され又は拿捕されたときは、その船舶は、これにより被った損失または損害に対する補償を受ける》。

Ⅳ-0-1-3-2-4　公海における秩序維持

前に見たように旗国の排他的管轄権の原則も公海における秩序と安全の確保の機能を果たす。またこの原則の例外である軍艦による臨検の制度も、特定の場合と状況においてあえて原則に対する例外を設けることによって、原則の果たす公海における秩序と安全の確保の機能を補強しようとする。

公海はすべての国に開放されていて（87条1項）、いかなる国もそこにおいて主権を主張することができないし（89条）、いかなる国の主権（完全な領域管轄権）も及ばない。国家の主権の及ぶ国家領域における秩序と安全は国家によって確保される。公海にはそこにおける秩序と安全を確保すべき責任者は存在しない。公海における秩序維持の機能は、もしそれが存在するとすれば超国家的機関が果たすべきであろう。国際社会が組織化されておらず、そのような機関が存在しない以上、公海の秩序維持の機能も国家が果たさざる

Ⅳ 沿岸国の領域管轄権が及ばない海洋

を得ない。

国家の機関は、本来の国家の機関としての機能のほかに、時として国際社会の機関としての機能を果たすことがある。公海において国家ないし国家の軍艦が果たす秩序維持の機能は、国際社会未組織の現状において見られる国家機関の「二重機能」(dédoublement fonctionnel) の現象 (G. Scelle) の一つと見ることができるだろう。

国家の管轄権の存在形式として、領域管轄権と人的管轄権の二つをあげることについては今日異論はない。前述したように、国家の領域管轄権の及ばない公海における船舶に対する旗国の排他的管轄権は、船舶の国籍に基づく旗国の人的管轄権として学説は説明する。

ところで公海における旗国の排他的管轄権の原則の例外としての軍艦による外国船舶への干渉行為の権能は、国家の領域管轄権をもってしても、また人的管轄権をもってしても説明できない。国家の管轄権の問題としてこの点をどのように考えたらよいだろうか。

ある学説は国家の管轄権の三つ目の存在形式として公役務管轄権 (compétence relative aux services publics) を挙げる。公役務管轄権は、国家の公役務に関して、国外において（すなわち国家の領域管轄権の及ばない空間において）、かつ外国人に対して（すなわち国家の人的管轄権の及ばない者に対して）さえ行動する、国家に認められる権能と一般に理解される (service public の語は国連海洋法条約 110 条 5 項に用いられており、英文では government service となっている)。

付言すれば、領域管轄権は一定の空間的範囲内に及ぶ管轄権であり、人的管轄権は一定の人的範囲内に及ぶ管轄権であるのに対し、公役務管轄権は公役務という一定の事項的範囲内に及ぶ管轄権であって、この管轄権は空間的及び人的限界を持たないということができるだろう。

国家は国家本来の公役務のほかに、国際社会の制度的欠如のゆえに、公海における秩序維持のような国際社会の公役務（国際公役務）の遂行も委ねられる。そこで公海における秩序維持のための軍艦による外国船舶への干渉行為は、国家機関の「二重機能」の現象として、国家の公役務管轄権の行使として説明される。

Ⅳ-0-2　深海底（Area, Zone）

Ⅳ-0-2-1　深海底という表現

英仏正文では、頭文字大文字ではあるが単に区域を意味するエリア、ゾーンの語が用いられているにすぎない。邦文では deep sea bed に当たる深海底の語が用いられているが、Area, Zone を表す英仏語の一般的表現では国際海底区域を意味する International sea bed area, Zone internationale des fonds marins の語が用いられることが多いようである。いわゆる深海底における活動を組織し、管理する国際機構が国際海底機構（International Sea-Bed Authority）と呼ばれることからも（もっとも仏語では海底国際機構を意味する Autorite internationale des fonds marins）、また国際法的意味の深海底が必ずしも地理学的意味の深海底ではない場合もあり得ることからも（後述、「深海底の範囲」の「岩」の場合（Ⅳ-0-2-3-1））、深海底よりは国際海底区域の表現の方がよかったかもしれない。

Ⅳ-0-2-2　深海底と海洋法条約

Ⅳ-0-2-2-1　パルド提案

国連海洋法条約の深海底の制度の切っ掛けとなったのは、さらに

IV 沿岸国の領域管轄権が及ばない海洋

は国連海洋法条約を採択した第三次国連海洋法会議の開催の端緒となったのは、1967年のパルド提案であった。

1958年の大陸棚条約は、前に見たように、沿岸国がその探査開発のために主権的権利を行使することを認められる大陸棚の範囲について、水深200メートル基準のほかに、開発可能基準を採用した。水深200メートルを越えても開発が可能である限り、そこを法的大陸棚と認めるというものであった。海底開発技術は予想に反して著しい発展を遂げた。すでに1960年代において小田滋氏（当時東北大学教授、後に国際司法裁判所裁判官）は、大陸棚条約の論理的帰結として、同条約によるならば世界の海底はすでにことごとく分割されてしまっているという解釈を示していた。この小田説に危機感を抱いて、国家管轄権の限界を越える海底の問題を、国連総会の議題としてとり上げることを提案したのが、マルタの国連代表パルド（A. Pardo）大使であった（布施勉『国際海洋法序説』p. 67）。

1967年8月17日、パルド大使は国連総会第22会期の開催に先立って、国家管轄権の限界を越える海底に関する問題を、総会の新しい議題として追加するよう提案した。それがパルド提案またはマルタ提案と呼ばれている。

この提案は、具体的には国家管轄権の限界を越える海底の問題に関する新しい条約の作成についての提案であった。そこには次のような考え方が述べられていた。

現在の国家管轄権の限界を越える海底が技術の進歩とともに国家による専有の対象となり、その結果、海底の軍事化が進行し、かつ厖大な海底資源が技術先進国の国家的利益のために独占される虞が出てきた。そこでそれを避けるため、現在の国家管轄権の限界を越える海底は人類の共同財産であると宣言すべきである。

そして国家管轄権の限界を越える海底に関し、次のような原則を含む条約を作成するための措置がとられるべきであると提案された。
① 国家管轄権の限界を越える海底のいずれの国の専有も認めない。
② そのような海底の探査は国連憲章の目的と原則に従って行われる。
③ そのような海底の開発は人類の利益のために行われ、その開発によって得られた利益は第一次的に貧しい国々の発展のために用いられる。
④ そのような海底は永久に平和的目的のためにのみ留保される。

さらに、国家管轄権の限界を越える海底に関する管轄権を持ち、そのような海底におけるすべての活動を規制し管理する任務を有し、かつ海底における活動が条約の原則と規定に従って行われることを確保する国際機構の設立が考慮されるべきである、との考え方が述べられていた。

Ⅳ-0-2-2-2　パルド提案の審議

国連総会第22会期は、パルド提案に基づいて、国家管轄権の限界を越える海底の問題を議題としてとり上げ、同議題を総会の第一委員会に付託した。

第一委員会において、1967年11月1日、パルド大使はこの問題に関し4時間にも及ぶ記念すべき大演説を行った。そして総会がこの会期において、次のような内容を含む決議を採択することを提案した。
① 国家管轄権の限界を越える海底は人類の共同財産であり、平和的目的のため、かつ人類全体のために利用、開発されるべき

Ⅳ　沿岸国の領域管轄権が及ばない海洋

である。
② 　明確な大陸棚の定義が規定されるまで、現在の国家管轄権の限界を越える海底に対する主張は凍結されるべきである。
③ 　次のような任務をもつ委員会を設立すべきである。
　ⅰ）　現在の国家管轄権の限界を越える海底についての国際制度に係わる諸問題の審議。
　ⅱ）　そのような海底の国際的性格を確保するための総合的な条約の起草。
　ⅲ）　そのような海底における活動が、予定される条約に含まれる原則と規定に従って行われることを確保するための国際機構の準備。

　マルタ代表の演説を皮切りに第一委員会における審議が開始され、国家管轄権の限界を越える海底の問題及びパルド大使の考え方は、賛否両論を交えながら次第に諸国の関心を集めていった。特に③の委員会の設立に関しては、第一委員会の一般討議において広く支持され、第一委員会は海底平和利用アドホック（特別の、非常設の）委員会の設立を含む決議を採択した。

　それを受けて総会本会議は、海底平和利用アドホック委員会の設立を実質的内容とする国家管轄権の限界を越える海底の問題についての決議（総会決議 2340（ⅩⅩⅡ））を採択した。

　国連総会によって設立された海底平和利用アドホック委員会は、1968 年、国家管轄権の限界を越える海底の問題について研究し、アドホック委員会報告書を作成、総会第 23 会期に提出した。総会はこの報告書を審議し、12 月 21 日、4 つの決議を採択した。その決議の一つは海底平和利用委員会（国家管轄権の限界を越える海底の平和利用に関する委員会）の設立に関するものである（総会決議 2467

A（XXⅢ））。この決議によってアドホック委員会は常設の委員会となり、メンバーは35ヵ国から42ヵ国になった。

　総会決議2467A（XXⅢ）によって設立された海底平和利用委員会は、1969年、1970年、国家管轄権の限界を越える海底の問題を審議し、報告書を作成、国連総会第24会期、第25会期に提出した。国連総会は委員会の報告書を審議し、関連の諸決議を採択した。第25会期に採択された決議の中に次のものが含まれていた。

　一つは第三次国連海洋法会議の開催並びに海底平和利用委員会改組に関する決議である（総会決議2750C（XXV））。1967年のパルド提案は、大陸棚条約を再検討し、国家管轄権の限界を越える海底の問題に関する新しい条約の作成を促すものであった。その後、総会の審議の過程において、大陸棚条約だけでなく1958年のジュネーヴ海洋法条約全体の再検討へ向けての提案がなされ、審議の結果、総会は国家管轄の限界を越える海底の問題を含む海洋法全体の広範な事項を取り扱う第三次国連海洋法会議を1973年に開催することを決議した。そしてまたこの決議によって第三次国連海洋法会議の準備のために海底平和利用委員会が拡大改組され、メンバーがさらに44ヵ国増員されることになった。

　国連総会第25会期に採択されたもう一つの重要な決議が、深海底原則宣言である。

Ⅳ-0-2-2-3　深海底原則宣言

　1970年12月17日、国連総会第25会期は深海底原則宣言（国の管轄権の及ぶ区域の境界の外の海底及びその地下を律する原則宣言（総会決議2749（XXV）））を採択した。全13項目からなるこの宣言には次のような内容が含まれていた。

Ⅳ 沿岸国の領域管轄権が及ばない海洋

① 国家管轄権の限界を越える海底及びその地下並びにこの区域の資源は、人類の共同財産（the common heritage of mankind, le patrimoine commun de l'humanité）である。

② この区域は国家または個人による専有の対象とはならず、またいずれの国家もこの区域のいずれの部分に対しても、主権または主権的権利を主張しまたは行使してはならない。

③ この区域の資源の探査、開発に関するすべての活動及び他の関連ある活動は、今後定めらるべき国際制度によって規制されなければならない。

④ この区域は、将来定めらるべき国際制度に従って、沿岸国であると内陸国であるとを問わず差別なく、すべての国により、専ら平和的な目的の利用にのみ開放されなければならない。

⑤ この区域の探査とその資源の開発は、内陸たると沿岸たるとを問わず国の地理的位置にかかわらず、人類全体の利益のために、かつ特に開発途上国の利益と必要を考慮して、実施されなければならない。

⑥ この宣言の諸原則に基づいて、この区域とその資源に適用される国際的機構を含む国際制度が、広範な合意を得た普遍的な性格を持つ国際条約によって定められなければならない。

Ⅳ-0-2-2-4　国連海洋法条約及び同第Ⅺ部実施協定

第三次国連海洋法会議は、長い困難な交渉の後に、ともかく国家管轄権の限界を越える深海底とその資源に適用される法制度を定めることに成功した。しかし深海底制度の大綱に関しては広いコンセンサスが得られたとしても、資源開発の具体的規則に関しては先進国を納得させることができなかった。アメリカ、イギリス、ドイツ

の条約への署名拒否がそのことを示していた。

　国連海洋法条約は第XI部を深海底に当て、国際海底機構の設立条約に該当する部分（4節）を含む全5節59ヵ条をもって、「総則」、「深海底を規律する原則」、「深海底の資源の開発」、「機構」、「紛争の解決及び勧告的意見」について規定している。さらに深海底に係わり、附属書Ⅲには「概要調査、探査及び開発の基本的な条件」が、附属書Ⅳには「事業体規程」が規定された。

　初めに見たように、国連海洋法条約への先進国の参加の実現を目指して、1994年、国連海洋法条約第XI部実施協定が採択され、1996年、発効した（最終条項を除く実質的規定5ヵ条及び附属書）。同協定により国連海洋法条約によって規定された深海底開発制度は実質的に改正された。

　なお既に見たようにパルド大使は、国家管轄権の限界を越える海底を人類の共同財産と宣言すべきであるとの構想を示した。当時、パルド大使が「現在の国家管轄権の限界」と考えていたのは、せいぜい水深200メートル位までの海底であった。その後、200海里の排他的経済水域が登場し、また200海里を越えて大陸縁辺部の外縁までが法的大陸棚として認められるようになって、国家管轄権の限界は、距岸200海里またはそれをさらに越えて大陸縁辺部の外縁へと沖合遥かに遠ざかっていった。パルド大使が人類の共同財産と考えた海底には、国連海洋法条約が大陸棚ないし排他的経済水域とする海底の多くの部分が含まれる。それらを含む広大な「現在の国家管轄権の限界を越える海底」を人類の共同財産とし、その開発から得られる利益をもって、当時行き詰まりを見せていた南北問題の解決を図ろうとした。それがパルド大使の抱いた雄大な構想であった（布施勉、前掲書 p. 83, 84）。パルド大使の夢は完全には実現されな

Ⅳ 沿岸国の領域管轄権が及ばない海洋

かったけれども、国連海洋法条約が定める国家管轄権の限界を越える海底いわゆる深海底に関して、それとその資源を人類の共同財産とすることが同条約によって規定されることになった。かくして国連海洋法条約が規定する深海底に関してではあるが、人類の共同財産の原則という新しい革命的な原則が海洋国際法に登場することになった。

Ⅳ-0-2-3　深海底の範囲

Ⅳ-0-2-3-1　排他的経済水域ないし大陸棚の外側の限界

《「深海底」とは、国の管轄権の及ぶ区域の境界の外の海底及びその下をいう》（1条1項(1)）。後でも述べるように、深海底は海底そのものである。

海底に関する国家管轄の境界は、排他的経済水域の海底の外側の限界かまたは法的大陸棚の外側の限界、すなわち基線から200海里かまたは大陸棚が200海里を越えて存在するときは、一般的にいって大陸縁辺部の外縁である。

この限界の外の海底及びその下が深海底である。従って深海底は諸国の排他的経済水域の海底部分ないし法的大陸棚の外側の限界によって囲まれた海底及びその下である。

もっとも《人間の居住又は独自の経済的生活を維持することのできない岩は、排他的経済水域又は大陸棚を有しない》（121条3項）から、この場合、国の管轄権の及ぶ区域の境界は岩の領海の外側の限界となり、深海底は岩の領海の海底の外側の限界から始まることになる。従って深海底の範囲に関し、排他的経済水域の海底部分ないし大陸棚の外側の限界のほかに、例外的に領海の海底の外側の限

界が問題になることがあり得る。

Ⅳ-0-2-3-2　深海底と公海の範囲

深海底の範囲と公海の範囲は必ずしも一致しない。排他的経済水域をとらない国の場合、条約上、公海は領海の外側の限界から始まるが、深海底はその国の法的大陸棚の外側の限界から始まる。排他的経済水域をとる国で、200海里を越える大陸棚が存在する場合、条約上、公海は排他的経済水域の外側の限界から始まるが、深海底はその国の200海里を越える法的大陸棚の外側の限界から始まる（大陸棚上部水域としての公海の存在）。従って二次元的に見た場合、条約上、深海底の範囲は公海の範囲より狭い。

Ⅳ-0-2-3-3　深海底の範囲の決定

国連海洋法条約において深海底は人類の共同財産とされるが、深海底の範囲は人類ないし人類全体のために行動する国際海底機構自身が定めるわけではない。排他的経済水域及び大陸棚の外側の限界は、条約の規定に従って、個々の国家が定める。国際海底機構には、大陸棚の外側の限界に関して国家から通告されるだけである。《…沿岸国は、…大陸棚の外側の限界線を表示した海図又は表の場合には、これらの写しを機構の事務局長に寄託する》（84条2項）。また国際海底機構は、向かい合っているかまたは隣接している海岸を有する国の間の大陸棚の境界画定の決定に対して、干渉することはできない（134条4項）。

ただ200海里を越える大陸棚に関しては、その外側の限界の設定に関して、大陸棚の限界に関する委員会と呼ばれる国際的な機関が関与する。そしてこの委員会の関与によって設定された限界は、他

Ⅳ 沿岸国の領域管轄権が及ばない海洋

国及び機構に対して対抗可能な性格を持つ。《沿岸国は、領海の幅を測定するための基線から 200 海里を超える大陸棚の限界に関する情報を、…附属書Ⅱに定めるところにより設置される大陸棚の限界に関する委員会に提出する。この委員会は、当該大陸棚の外側の限界の設定に関する事項について当該沿岸国に対し勧告を行う。沿岸国がその勧告に基づいて設定した大陸棚の限界は、最終的なものとし、かつ、拘束力を有する》(76 条 8 項)。

Ⅳ-0-2-4　深海底の法的地位

Ⅳ-0-2-4-1　深海底の観念

深海底は国の管轄権が及ぶ区域の境界の外の海底及びその下であるから（1 条 1 項(1)）、まず条約上、深海底は、大陸棚と同様、海底そのものである点を指摘する必要がある。深海底の観念は、条約上の大陸棚の観念と同様、上部水域及び上空を含まない。深海底の上部水域は、条約上、公海である。上に見たように深海底と公海の範囲は同一ではないが、少なくとも深海底の上部水域はすべて公海である。

深海底は海底そのものと定義されるが、深海底に係わる活動—条約では「深海底における活動」(activities in the Area, activités menées dans la Zone) という言葉が使われているが—は実際には主として上部水域で行われるわけだから、深海底の法的制度を考える場合、深海底そのもののいわゆる「物としての深海底」のほかに、深海底とその上部水域及び上空を含めたいわゆる「空間としての深海底」—大陸棚の場合に用いた大陸棚空間という表現にならえば深海底空間—を考慮に入れる必要があるだろう。

Ⅳ-0-2-4-2　すべての国との関係における深海底の法的地位

前に見たように公海はすべての国との関係においてその法的地位が問題となり、その観点から公海自由の原則が問題となった。それに対して深海底は、すべての国との関係のほかに、人類との関係においてその法的地位が問題となり、その観点から後述のように、人類の共同財産の原則が問題となる。深海底の法的地位を見る場合、この人類の共同財産の原則について検討することになるが、その前にすべての国との関係における深海底の法的地位を見ておく必要がある。

後で見るように、いずれの国も深海底またはその資源（(鉱物資源133条(a)））のいかなる部分に対しても、主権または主権的権利を主張することも、行使することも禁止される（137条1項）。換言すれば、深海底に関してはいかなる国も領域管轄権（完全な、または限定された領域管轄権）を及ぼすことができない。

前に見たように、いずれの国も公海のいかなる部分をもその主権のもとに置くことを禁止される（89条）。また排他的経済水域においては沿岸国は経済的目的での探査、開発などの活動に関する主権的権利を認められるということは（56条1項(a)）、公海においてはそのような権利は認められないということである。換言すれば、公海に関してもいかなる国も領域管轄権（完全な、または限定された領域管轄権）を及ぼすことができない。

従って、すべての国との関係において、いずれの国の領域管轄権（完全な、または限定された領域管轄権）にも服さないという点においては、深海底もその上部水域である公海も共通の法的地位を有するといえる。ということは深海底、その上部水域としての公海及び

Ⅳ　沿岸国の領域管轄権が及ばない海洋

その上空を含めて、「空間としての深海底」ないし「深海底空間」として捉えた場合、その深海底空間にはいずれの国の領域管轄権も及ばないということである。いずれにしてもすべての国との関係において深海底ないしは深海底を含む深海底空間には、そこにおいていずれの国も領域管轄権（完全な、または限定された領域管轄権）を及ぼすことはできない。

なお公海の場合は国家への帰属からの自由から国家の使用の自由が認められるけれども、深海底の場合は、深海底も公海と同様に国家への帰属から自由ではあるが、深海底とその資源は人類の共同財産とされ、深海底とその資源は人類に帰属するから、国家による使用の自由（開発の自由）は認められない。

Ⅳ-0-2-4-3　人類との関係における深海底の法的地位

Ⅳ-0-2-4-3-1　人類と国際共同体

《深海底及びその資源は、人類の共同の財産である》（136条）と規定される。人類の語は一般には他の生物から区別して人間のジャンルをさす言葉として用いられる。しかし人類の共同財産という表現で用いられる人類は、137条2項などでいう全体としての人類，人類全体（mankind as a whole, humanité tout entière）の意味であろう。南極条約（前文）や宇宙条約（前文、1条）では全人類（all mankind、仏文は137条2項と同じ）の語が用いられている。いずれにしても人類全体を一つの集合体として捉える観念で、その構成員は人間であると考えられる。その構成員間に存在する社会関係に着眼して、人類社会といっても良いかもしれない。

広く用いられる国際社会（international society, société internationale)という言葉は、人類社会に対して、一般に国家を構成員とする国家間社会と理解される。international society とは別に international community (communauté internationale) の語が用いられることがある。国際社会とも国際共同体とも訳される。条約法条約（53条）や国際法委員会の条文案（最恵国条項・23 条、国家責任・19 条）などには、international community of States as a whole, (communauté internationale des Etats dans son ensemble, communauté internationale des Etats dans leur ensemble) とか international community as a whole (communauté internationale dans son ensemble) などの語が見られる（条約法条約は前の方の表現を用い、公定訳は「国により構成されている国際社会全体」）。すべての国家から構成される普遍的な国家間社会と理解されるが、それをすべての国家から構成される一つの集合体として捉える観念であるように思われる。この集合体が単純に international community と呼ばれることもある。ここではそれに国際共同体の訳語を用いることにする。

　人類は国家を作って生活しているわけだから、この国際共同体は全人類の人類社会を基盤として存在しているといえるだろう。換言すれば国家を作って生活している人類全体を、人間間の社会として捉えたのが人類社会で、国家間の社会として捉えたのが国際共同体であると見ることができるだろう。

Ⅳ-0-2-4-3-2　人類の共同財産の原則

　136 条は、深海底とその資源は人類の共同財産であると規定している。「人類」の語も「共同財産」の語も国際法において全く新しいというわけではない。しかし両者を結びつけた「人類の共同財産」の概念は、宇宙国際法においては既に月協定において見られた

Ⅳ 沿岸国の領域管轄権が及ばない海洋

が（11条）、海洋国際法においては、深海底とその資源に関して国連海洋法条約において初めて登場する。

深海底とその資源に係わるこの人類の共同財産の原則は、第Ⅺ部「深海底」の第2節「深海底を規律する原則（複数形）」の冒頭に規定される。311条6項は、この人類の共同財産の原則を「人類の共同の財産に関する基本原則」と呼び、それについての不可侵性について規定している。国連海洋法条約第Ⅺ部実施協定前文もこの基本原則を再確認している。人類との関係における深海底の法的地位に関して、何よりもこの人類の共同財産の原則が問題となる。

この深海底とその資源に関する人類の共同財産の原則が、具体的に何を意味するかは必ずしも明らかではないが、この原則に関連して二、三の点について考察する。

Ⅳ-0-2-4-3-2-1 人類の共同財産の原則の目的

パルド大使が、国家管轄権の限界を越える海底を人類の共同財産と宣言すべきであると提案したのは、その海底の資源が技術先進国の国家的利益のために独占されるのを避けるためであり、その海底の資源を人類全体の利益のために開発し、その開発から得られた利益を人類全体のために、特に貧しい国々の発展のために用いるべきであると考えたからである。

人類の共同財産の原則は、先進国を含めて多くの国に支持され、国連海洋法条約は、国家管轄権の限界を越える深海底とその資源を人類の共同財産と規定し（136条）、深海底における活動、特に深海底資源の開発活動は人類全体の利益のために行われ（140条1項）、深海底資源の開発活動から得られる利益の衡平な配分を国際海底機構を通して実現することを規定した（140条2項）。

人類の共同財産の原則が実現しようとする基本的目的は、第一に、人類全体の利益に立脚した深海底資源の開発活動の実施であり、第二に、深海底資源の開発活動から得られるであろう利益の衡平な配分であると思われる。

140条1項には、人類全体の利益のために深海底活動が行われるに当たって考慮されるべき点が挙げられている。第一に、地理的観点からは、国家平等原則に基づいて、海岸を有しているか否かにかかわらず、すべての国の利益に配慮して、深海底活動は行われなければならない。第二に、経済的観点からは、形式的な平等原則には反するが、補償的不平等—事実上の不平等を補うため不平等な措置（劣位のものに対する有利な措置）をとることによって実質的平等を実現するという考え方—の原則に基づいて、弱者すなわち開発途上国及び独立またはその他の自立的地位をまだ獲得していない人民の利益とニーズに特別の考慮を払って、深海底活動は行われなければならない。とりわけ開発途上国の深海底資源の開発活動への参加の方途が考えられなければならない。

140条2項は、深海底資源の開発活動から得られる利益の衡平な配分を、国際海底機構を通して実現すべきことを規定している。この開発活動の利益が衡平に配分されるということがまた人類全体の利益ということであろう。人類全体の利益のための開発活動の利益の衡平な配分に当たっても、上の考慮されるべき二つの点、特に第二の点は考慮されなければならないだろう。

IV-0-2-4-3-2-2　主権、主権的権利の主張の禁止及び専有の禁止、特に深海底資源の専有の禁止

137条1項は次のように規定する。

Ⅳ 沿岸国の領域管轄権が及ばない海洋

《いずれの国も深海底又はその資源のいかなる部分についても主権又は主権的権利を主張し又は行使してはならず、また、いずれの国又は自然人若しくは法人も深海底又はその資源のいかなる部分も専有してはならない。このような主権若しくは主権的権利の主張若しくは行使又は専有は、認められない》。

深海底とその資源の主として国家との関係であり、前述したことと重複するが、人類の共同財産の原則との関係で、もう一度とり上げる。

深海底とその資源に関わる主権、主権的権利の主張の禁止、専有行為の禁止は、深海底を規律する諸原則の一つであると同時に、深海底とその資源は人類の共同財産であるとする人類の共同財産の基本原則から派生し、その内容を構成する原則の一つであると思われる。

国連海洋法条約上の公海の海底がすべて深海底ではないとしても、深海底の上部水域はすべて公海である。公海には公海自由の原則が適用される。従って公海においてもいずれの国の主権、主権的権利の主張は禁止される。換言すれば公海においてもいずれの国の完全な、または事項的に限定された領域管轄権の主張は禁止される。そうであるとすれば《主権若しくは主権的権利の主張若しくは行使》の禁止に関しては、公海に係わる公海自由の原則と深海底に係わる人類の共同財産の原則の両者に共通する。

深海底とその資源の専有の禁止についてはどうであろうか。専有(appropriation)の観念は必ずしも明らかではないが、ここでは単純に，あるものを自分のものにする行為、と理解する。深海底とその資源のいかなる部分に対しても、国家または個人（自然人、法人を含めて個人と呼ぶことにする）による専有は認められない。

213

公海とその資源についてはどうか。第Ⅶ部「公海」の公海自由の原則に関する規定には、専有の禁止についての具体的な規定はないが、公海は帰属から自由であるから、公海自由の原則の中に公海のいかなる部分に対する専有の禁止は含まれていると考えられる。しかし公海自由の原則の場合、公海の国家への「帰属からの自由」からすべての国による「使用（活動）の自由」が認められ、漁獲の自由が認められる（87条1項(e)）。従って公海の資源（漁業資源）である漁獲物に対する国家または個人による専有が認められる。

このように考えた場合、人類の共同財産の原則の内容の一つを構成すると思われる、主権、主権的権利の禁止及び専有の禁止の中で、公海自由の原則と比較して最も特徴的なのは、深海底資源の専有の禁止であると思われる。国連海洋法条約において、公海海底に新しく深海底の制度が設けられ、公海に係わる公海自由の原則とは異なる深海底に係わる人類の共同財産の原則が定められた。<u>深海底の資源に係わる国または個人の専有の禁止</u>こそが、公海自由の原則との比較において人類の共同財産の原則の特筆すべき一つの大きな特徴といえると思われる。

深海底の資源は人類の共同財産であり、深海底の資源の開発の自由は認められない。

Ⅳ-0-2-4-3-2-3　国際法の主体としての人類

136条は深海底とその資源は人類の共同財産であると規定し、137条2項は、《深海底の資源に関するすべての権利は、人類全体に付与されるものとし、機構［国際海底機構］は人類全体のために行動する。……》と規定する。この137条2項は、前段において、人類全体が深海底の資源に関するすべての権利を有することを規定し、

Ⅳ　沿岸国の領域管轄権が及ばない海洋

後段において国際海底機構が人類全体のための行動することを規定している。前段については後に回し、まず後段について取り上げる。

Ⅳ-0-2-4-3-1で考察した国際共同体全体や人類全体を、何らかの行為を行う主体として捉える条約や条約案が現れてきた。

宇宙条約は、《月その他の天体を含む宇宙空間の探査及び利用は、……全人類に認められる活動分野（province, apanage）である》（1条）と規定した。人類全体を宇宙空間の探査や利用という行為（活動）を行う主体として位置付けている。

条約法条約は、《一般国際法の強行規範とは、……国により構成されている国際社会全体が受け入れ、かつ、認める規範をいう》（53条）と規定した。公定訳は国際社会となっているが英語正文はinternational community (of States as a whole)である。国際共同体全体が一般国際法の強行規範の受け入れや承認という行為を行う主体として位置付けられている。

最恵国条項についての国際法委員会の条文案には、《国家から構成される国際共同体によって承認される一般特恵制度》という表現が見られる（23条）。国際共同体が一般特恵制度の承認という行為を行う主体として位置付けられている。

国際法委員会の国家責任に関する暫定条文草案（1996年第一読終了のもの）は、《国際共同体の基本的利益の保護のために不可欠な国際義務で、その違反が国際共同体全体により犯罪と認められるようなものに対する国の違反から生じる国際違法行為は、国際犯罪を構成する》（19条2項）と規定している。そこでは国際共同体全体が、国家による一定の国際義務違反を、国際犯罪と判断する主体として位置付けられている（2001年第二読では19条は削除されたようである）。

215

海洋国際法入門

　これらの条約や条約案は、国際共同体全体や人類全体を何らかの行為を行う主体として位置付けている。しかしそれはあくまでも法的な擬制に過ぎない。国際共同体や人類は国家や人間の集合体であって、実際にはそれら自身が直接に行動することはあり得ない。それらの集合体が受容とか承認とか何らかの行為を行うとすれば、何らかの代行者ないし機関を通して行動せざるを得ない。上の条約や条約案にはそれについて何らの言及もない。

　それに対して国連海洋法条約は、人類全体のために、人類全体に代わって行動する機関を設けている。《[国際海底] 機構は、人類全体のために行動する》(137条2項後段)。国際海底機構がそれである。国際海底機構は、直接人類社会を基盤として作られた人類社会の機関ではなく、国家間社会の法である国家間条約によって作られた国際機構である。国際海底機構も国際機構として国家の集合体であり、実際にはその機関を通して行動するが、その機関を通して行動する国際海底機構が、人類社会との関係では人類社会の機関として、人類全体のために行動すると捉えられる。

　いずれにしても人類は、国連海洋法条約によって初めて、自己のために行動する機関を通して行動する、国際法上の行為主体として登場したということができるだろう。

　次に137条2項の前段であるが、そこでは《深海底の資源に関するすべての権利は、人類全体に付与される》と規定されている。仏文は、内容は同じだが、人類全体を主語とし、《人類全体は、深海底の資源に対するすべての権利を付与される》と規定している。深海底とその資源は、人類の共同財産であると規定されているから、人類は深海底そのものに対する権利も付与されているわけであるが、これについては137条2項のような明示の規定はない。いずれにし

ても人類はその機関を通して行動する国際法上の行為主体であると共に国際法上の権利主体であることが規定されている。

人類は国際法上の権利主体として、国家や国際機構と並んで国際法の主体としての資格が認められるだろうか。深海底に関し人類に与えられる権利ないし権能は限られており、かつその権利ないし権能は人類社会固有の機関によってではなく、国家間社会の国際機構によってしか行使することができない。人類に国際法主体性を認めるとしても、現状においては、それはまだ未成熟な主体であるといわざるを得ない。しかし深海底とその資源は人類の共同財産であるとし、深海底資源に関するすべての権利は人類全体に付与されると規定されることによって、人類の国際法主体性承認への道の一歩は踏み出されているということはできるだろう。人類ないし国際共同体を国際法上の行為主体と位置付ける規定と共に、少なくとも人類ないし国際共同体の国際法主体性承認へ向けての新しい状況が出現しつつある、ということはいえるだろう（Nguyen Quoc Dinh, P. Daillier et A. Pellet, Droit international public, 6e édition, 1999, p. 400）。

Ⅳ-0-2-4-3-2-4　人類の共同財産の管理機関—国際海底機構—

Ⅳ-0-2-4-3-2-4-1　深海底に関する人類の権能

深海底とその資源は人類の共同財産であるから、人類は物としての深海底に対する権能（いわゆる dominium）を有していると思われる。それゆえに国家や個人による深海底のいずれかの部分に対する専有は認められない（137条1項）。人類はまた空間としての深海底に係わる権能（その空間内にいる人に対するいわゆる imperium）を有していると思われる。それゆえに深海底のいかなる部分についても

国家による領域管轄権の主張や行使は禁止される（137条1項）。国家がその領域に関して有する権能—領域管轄権—と類似の空間的な権能を、人類は深海底に関して有しているということができるだろう。

この領域管轄権—完全な領域管轄権及び限定された領域管轄権—との関連において、領海や排他的経済水域や大陸棚の法的地位について、このテキストでは考察してきた。深海底に関して人類の有する権能には、上述のように、物としての深海底に対する権能（dominium）も含まれると思われるが、深海底の法的地位に関連しても、ここでは人類が空間としての深海底において有する権能—国家がその領域において有する領域管轄権に類似する空間的な管轄権—のみを問題にする。

いずれにしても人類は深海底に関し、国家がその領域に関して有する領域管轄権に類似する空間的管轄権を有していると思われる（J. Ccombacau, Le droit international de la mer, 1985, Que sais-je? p. 88）。

Ⅳ-0-2-4-3-2-4-2　深海底に関する国際海底機構の権能

《[国際海底] 機構は、人類全体のために行動する》（137条2項）。国際海底機構は人類の機関として人類全体のために行動する。深海底に関する人類の権能は、実際には国際海底機構によって行使される。《深海底における活動は、機構が、この部の他の規定、関連する附属書並びに機構の規則及び手続に従い、人類全体のために組織し、行い及び管理する》（153条1項）。

深海底における活動といっても、実際にはその上部水域や上空において行われる。すなわち空間としての深海底において行われる。

Ⅳ 沿岸国の領域管轄権が及ばない海洋

国連海洋法条約第Ⅺ部第4節に基づいて設立される国際海底機構が、そのような深海底において行われる活動を管理する機関として位置付けられている。従って深海底に関し人類に与えられる権能—空間としての深海底において行われる活動を規律する、いわば国家の領域管轄権に類似する空間的管轄権—は、実際には国際海底機構の権能として、同機構によって行使される。

国際海底機構自身がその機関である「事業体」(Enterprise, Entreprise) を通して深海底資源の開発活動に従事することが予定されているが、多くの場合、深海底活動を行うのは、国連海洋法条約の定めるところに従って、また《機構と提携することを条件として》、条約締約国の国籍を有する個人（自然人又は法人）であり、また締約国自身であろう (153条2項)。

国際海底機構が、人類全体の利益において深海底活動を管理するために行使する権能が、締約国を飛び越えて、締約国の国籍を有する個人に直接に及ぶ。その権能は、個人直接性を有する権能として、超国家的権能ということができるだろう (Combacau, op. cit., p. 91, R..-J. Dupuy, Le droit international, 11e édition, 2001, Que sais-je? p. 30)。

この権能は、空間としての深海底に及び、そこにおける各種の操業者 (operator, exproitant) の活動を規律する権能であり、国家の領域管轄権に類似する空間的管轄権として、立法的管轄権と執行的管轄権を含む権能であると思われる。

国連海洋法条約及び同Ⅺ部実施協定は、国際海底機構の立法的管轄権及び執行的管轄権に関し、各所に種々の事項についての《機構の規則及び手続 (rules, regulations and procedures, règles, règlements et procédures)》につき、その採択及び適用について規定している。現在、その優先的採択が規定されている (162条2項(o)(ii)) 多金属

性団塊の探査及び開発の関する規則の一部分である鉱業規則 (mining code, code minier) の制定作業が、法律・技術委員会―機構の機関である理事会の内部機関―によって進められている。

人類は、主として深海底資源の探査開発活動という事項に関わる管轄権―立法的管轄権及び執行的管轄権―を有する。この管轄権は、深海底活動が行われる深海底、その上部水域及び上空を含む空間としての深海底に及ぶ権能として、国家がその領域（法的意味）において有する領域管轄権に類似する空間的管轄権である。そのような管轄権は、人類全体のために人類の機関として行動する国際海底機構によって行使される。人類は、従って国際海底機構は、国家の同種の管轄権と競合することなく、従って排他的に、その管轄権を行使することが認められる広大な空間―法的意味の領域 (territory, territoire)―を有するということができるだろう。

少なくとも鉱物資源の探査開発活動に関する限り、排他的経済水域ないし大陸棚の外側の限界までは、海底、上部水域及び上空を含めて、国家の管轄区域であるのに対し、深海底、その上部水域及び上空は国際海底機構の、ひいては人類全体の管轄区域ということができるだろう。

距岸 200 海里の海洋は海洋全体のおよそ 36 パーセントであるといわれる。大陸縁辺部の外縁が 200 海里を越える場合があり得るから、人類の管轄区域は海洋全体のおよそ 60 パーセントというところだろうか。地球表面の約 70 パーセントが海洋であるとすれば、地球表面の約 40 パーセントを占める深海底とその資源が人類の共同財産であり、そのような広さの深海底を含む空間としての深海底が、深海底活動に関する限りではあるが、国際海底機構の、ひいては人類全体の管轄区域ということになるだろう。

あ と が き

　蛇足ながらこの本の内容について若干の説明をいたします。

　国連海洋法条約86条及び1条1項(1)の規定から出発して、国家の領域管轄権との関連において領海、排他的経済水域、大陸棚などを考察するという基本的態度は旧版と変わりありません。

　<u>86条</u>では海洋が内水、領海、排他的経済水域、公海に分けられています。これが海洋の基本的区分です。群島国の場合は、内水と領海との間に群島水域が加わります。

　この本が採用した見方で一つ特徴的なのは、国によっては排他的経済水域と公海の間に大陸棚―海底としての大陸棚ではなく、上部水域、上空をも含む空間としての大陸棚ないし大陸棚空間―を考える必要があるということです。200海里を越える大陸棚を持つ国の場合ですが、条約上はその上部水域は公海ということになっていて、公海ですから国家の管轄権は空間的には及ばないはずですが、現実にはその大陸棚空間に国家の管轄権が空間的に及んでいる、ないしは管轄権を及ぼすことができるわけです。そこで排他的経済水域の外になお大陸棚を持つ国の場合は、その大陸棚を含む大陸棚空間を国家の管轄空間と捉える必要があるということです。排他的経済水域をとらない国の場合は、領海と公海の間に大陸棚空間という国家管轄空間があるということになります。

　この本では、領海は沿岸国の主権、すなわち事項的に限定されな

い完全な領域管轄権が及ぶ空間、排他的経済水域と大陸棚空間は沿岸国の主権的権利、すなわち事項的に限定された領域管轄権（排他的経済水域の場合は海底、上部水域を含む同水域の天然資源（鉱物資源、生物資源を含む）の探査、開発等といった事項に限定される領域管轄権、大陸棚の場合は大陸棚の探査、その天然資源（上部水域の生物資源は含まない）の開発といった事項に限定される領域管轄権）が及ぶ空間として捉えています。

　1条1項(1)は深海底の範囲の規定で、それは国の管轄権の及ぶ区域の境界の外の海底及びその下だといっています。海底の一定範囲まで国の管轄権が及んでいて、その範囲の外が深海底だといっているわけですが、その範囲の外側の境界線は、基線から200海里までか（つまり排他的経済水域の外側の境界線までか）、その外に大陸棚を持つ国の場合はその大陸棚の外側の境界線までということになります。ということはそのような境界線まで国家の管轄権が及んでいるわけです。200海里まで、またはそれを越える大陸棚の外側の限界まで及んでいる国家の権能を、1条1項(1)は「管轄権」という言葉で表しています。

　領海には主権が及び、排他的経済水域や大陸棚空間には主権的権利が及ぶというならば、この管轄権という観念の中には主権とか主権的権利も含まれると考えられます。この管轄権、主権、主権的権利の三つの観念を整合的に捉えるにはどう考えたらよいか。この本ではその一つの考え方を示しました。これらの言葉について述べているところ（II-0-3-1、III-A-2-3-1-2、III-A-2-3-1-3）を見ていただければと思いますが、簡単にいうと次のようになるかと思います。

　まず管轄権は、一般にそう理解されているように、国の管轄権と

あとがき

して国がその機能を遂行するための立法的権能と執行的権能を含む国家の権能と考えます。これは管轄権の内容です。次に管轄権の形式で、そのような管轄権の及び方という点からみると、一つは一定の空間的範囲内に及ぶ、その範囲内にいるすべての人に国籍の区別なく及ぶという及び方と、もう一つは一定の人的範囲内の人（その国の国籍を持つ人）に及ぶ、その人が空間的にどこにいるかを問わず及ぶという及び方があります。前の方は空間的管轄権の意味で、その空間が普通国家の領域なので領域管轄権と呼ばれ、あとの方は人的管轄権と呼ばれています。

1条1項(1)の管轄権は、一定の空間的範囲内に及ぶ管轄権なので、それは領域管轄権のタイプのものということができると思います。領域管轄権イコール領域主権という考え方もあり、その考え方をとるとすると、1条1項(1)の管轄権は領域管轄権ではないということになります。しかし上の管轄権の二つのタイプから見れば、1条1項(1)の管轄権は領域管轄権のタイプに属しますし、また領域主権、すなわち事項的の限定されない完全な領域管轄権のほかに、事項的に限定される領域管轄権が存在するということも、かなり古くから一部の人に指摘されてきました。そういった点から見ても、1条1項(1)の管轄権を領域管轄権として理解することはできると思います。それに含まれる主権及び主権的権利を、完全な領域管轄権及び事項的に限定される領域管轄権として捉え、管轄権、主権、主権的権利を整合的に捉えてみました。

国家の管轄権には領域管轄権と人的管轄権があるとし、排他的経済水域ないしは大陸棚まではそこにおける国家の管轄権を領域管轄権で捉えました。公海には国家の領域管轄権は及びません。しかし

223

公海が国家の管轄権と無縁というわけではなく、公海では船舶に対する旗国の排他的管轄権が問題になります。この管轄権を自国の国籍を持つものに対する人的管轄権と捉えました。

公海における旗国の排他的管轄権の原則の例外として、外国船舶に対する臨検の制度があります。自国の領域管轄権の及ばない公海における自国の国籍を持たない船舶に対する取締りの権能を国家は持っているわけですが、この権能をどう捉えたらよいのか。領域管轄権でも人的管轄権でも説明がつきません。これについてこの本では、フランスで一部の学者が唱えてきた国家管轄権の第三番目のタイプ、公役務管轄権の考え方をとりました。

国家の公役務に属する事項に関し、それに関わる人がどこにいるかを問わず、またその人の国籍の如何を問わず、国家が管轄権を持つという考え方です。国家の公役務という事項的範囲内に及ぶ管轄権という意味です。例えば公海における海賊の取締りということは、本来は国際社会の公役務に属する事項です。しかし国際社会は組織化されておらず、その公役務を担当する国際社会固有の機関は存在しません。そこで国家がそれを代行しているわけですが（二重機能）、国家の公役務管轄権の中には国家の公役務の延長としての国際社会の公役務すなわち国際公役務に関する権能も含まれるという考え方です。そこで公海における外国の国籍を持つ海賊船に対する臨検の権能も、国家の公役務管轄権の対象として捉えるという考え方です。この本ではそのような考え方をとりました（Ⅳ-O-1-3-2-4）。

公海に関しては、普通あまりとり上げられませんが、公海の範囲ということを問題にしました（Ⅳ-O-1-2）。排他的経済水域は公海

あとがき

の一部であるという見方があります。国連海洋法条約には1958年の公海条約1条のような「公海の定義」の規定はなく、「この部の規定の適用」という規定（86条）があるだけだという理由から、そのように見る考え方もあるようですが、そのような考え方は正しくないということを、第三次国連海洋法会議の審議の経緯と排他的経済水域の残余権の問題（Ⅲ-B-2-4-4）との関連から、述べました。公海の部の第1節の規定の多くが排他的経済水域にも適用されるからといって、公海の範囲の中に排他的経済水域を含ませることは正しくないと思います。（公海の範囲の問題として、もう一つ200海里を越える大陸棚を持つ国の、この本でいう空間としての大陸棚—そこに沿岸国の限定された領域管轄権が及ぶという意味において公海の観念と両立しない—の問題がありますが、これについては「公海の範囲」のところでは触れませんでした）。

深海底については人類の共同財産の原則という新しい国際法上の原則が問題となります。この原則に関しては、この本では人類が国際法上の新しい主体として登場してきたことを指摘しました。そして人類が国際法上一定の権能を与えられ、その権能は国際海底機構によって人類のために行使されるわけですが、その権能は深海底、その上部水域及び上空を含む空間としての深海底に及ぶ権能で、国家の領域管轄権のタイプに属する権能と見ることができると思います。それは国家の管轄権と同様に立法的権能と執行的権能を含むと考えられます。そしてその立法的権能に基づいて国際海底機構によって作られた例えば「規則」は国家を飛び越えて、空間としての深海底において活動する個人（自然人又は法人）を直接に規律することになります。そのような意味において国際海底機構の、ひいて

225

は人類の権能は個人直接性を有する権能として、いわゆる超国家的な権能であるということができると思います。このように人類の国際法主体性についてと、国際海底機構の権能が国家の領域管轄権に類似する権能であることと、そして人類ないし国際海底機構の権能の超国家性について指摘しました。同じような考え方をとっている文献を挙げておきました。

事項索引

あ

アイスランド　8
アカバ湾　77
アゾフ海　13
油による海洋汚染防止のための国際条約　74
アメリカ　7, 8, 93, 113, 114, 203
アラフラ海　92
アラル海　13
アルゼンチン　80
アンナバス諸島　95
イギリス　7, 8, 137, 203
イタリア　77
一般特恵制度　215
岩　151, 205
インドネシア　80, 83, 84, 92, 95, 113, 114
インド洋　92
インペリウム　49, 217
牛尾裕美　82
宇宙空間　215
宇宙国際法　210
宇宙条約　209, 215
海の国際法　3
エクアドル　112
エレソン海峡　80
沿岸群島　83
欧州共同体　9
オーストラリア　113, 114, 137
大隅海峡　64, 69, 81
オーランド海峡　80

小田滋　56, 63, 95, 107, 157, 164, 183, 199

か

海港の国際制度に関する条約及び規程　41
海上における人命の安全のための国際条約（SOLAS）　56
海上における衝突の予防のための国際規則に関する条約　55
海賊行為　188, 190, 191, 195
海底電線及び海底パイプライン敷設の自由（権利）　111, 133, 151, 165, 166, 172, 176, 179, 180, 184, 185
海底電線保護条約　190
海底平和利用アドホック委員会　201, 202
海底平和利用委員会　6, 201, 202
開発途上国　8, 167, 203, 212
開発の自由　209, 214
海洋
　海洋国際法上の――　13, 14, 28
海洋環境の保護保全　3, 11, 128, 131, 159
海洋構築物　128, 158, 163, 165
海洋構築物の建設の自由（権利）　133, 179, 181, 184, 185
海洋国際法　3, 4, 13, 14, 205, 211
海洋自由の原則　169
海洋の科学的調査　3, 11, 57, 111, 128, 130, 131, 136, 159, 160, 166

227

海洋国際法入門

海洋法　3,6
科学的調査の自由（権利）　111,
　　133,159,160,166,176,179,181-
　　185
核搭載艦　82
河　口　32,33
カスタネダ・グループ　170,171
カスピ海　13,28
カナダ　113,137,138
管轄権（国の）　16-18
韓　国　38,40,81
干潮線　29
旗国の排他的管轄権の原則　101,
　　102,125,126,153,175,184-198,
　　224
擬制（フィクション）　105,106,
　　109,216
規制権　100,101,103-106,108-
　　110
基線（領海の）　15,23,24,28-40,
　　43-46,80,81,87,97,114,115,
　　141-143
帰属からの自由　178,209,214
北太平洋におけるオットセイの保
　　存に関する条約　190
境界画定
　　大陸棚の――　147,206
　　内水の――　88
　　排他的経済水域の――　116
　　領海の――　45,46
強行規範　215
漁獲の自由（権利）　111,133,151,
　　153,166,167,176,177,180,181,
　　185,214
漁業及び公海の生物資源の保存に
　　関する条約　5,169,180
漁業水域　127,137

漁業専管水域　127,137
局外中立　32
空間的管轄権　51,218-220,223
グレート・ソルト湖　13
グロティウス　169
軍　艦　53-55,60,62-64,72,73,
　　187,188,190-194,196
軍事演習　183
群島航路帯（通航）（権）　90-95,
　　182
群島基線　44,84-88,94,115
群島国　10,14,15,23-26,29,40,
　　44,47,66,83-85,88-95,115,119,
　　170,221
群島主義　84
群島水域　82-96
群島水域空間　89
軍用航空機　73,191
刑事裁判権　53,60,61
原子力船　55-57
公役務管轄権　197,198,224
紅　海　77
黄　海　40
公　海　169-198
　　――の範囲　120,170,173,174,
　　184,206,224,225
　　――の定義　171,172,225
公海空間　151,152,184
公海自由（の原則）　97,126,151,
　　152,158,160,165,169,172,174-
　　184,208,213
公海に関する条約（公海条約）
　　5,14,15,62,111,133,151,152,
　　165,166,169,170,172,175,177-
　　179,189
鉱業規則　220
考古学上のまたは歴史的な物

事項索引

104, 105
航行の自由（権利） 31, 41, 66, 78, 90, 111, 126, 133, 151, 153, 166, 187, 172, 176, 177, 179, 180, 185
航行の利益 61
衡平（の原則） 45, 116, 136, 142, 148, 149, 167, 168, 172, 211, 212
航路帯 57, 58, 74, 76
国際油汚染防止証書 56
国際違法行為 215
国際海事機構（IMO） 55, 92-94, 150, 167
国際海底機構 8, 9, 168, 174, 198, 204, 206, 211, 214, 216-220, 225, 226
国際海底区域 198
国際海洋法 3
国際共同体 209, 210, 215, 216
　――全体 215
　――の国際法主体性 217
国際公役務 198, 224
国際航行に使用されている海峡（国際海峡） 64-82
国際航路 91, 94
国際司法裁判所 83, 114, 116
国際社会 209
　――全体 136, 172, 210
　――の共通利益 195, 196
国際電気通信連合（ITU） 192
国際犯罪 215
国際法
　――の主体 214, 217
　――上の権利主体 217
　――上の行為主体 216, 217
国際法委員会 5, 6, 27, 156, 210, 215
国際法法典化会議（ハーグ） 4, 44, 97
国際民間航空機構（ICAO） 75
国際連合憲章 183, 200
国　籍 19, 50, 121, 180, 184, 186, 190, 223
国連海洋法会議
　第一次―― 5, 44, 156, 169
　第二次―― 5, 44
　第三次―― 6-10, 27, 32, 45, 65, 71, 84, 85, 93, 113, 140, 170, 199, 202, 203, 225
国連海洋法条約第XI部実施協定 7-10, 203, 204, 211, 219
国連事務総長 7, 9, 46, 88, 117, 150
個　人 213, 214, 219, 225
個人直接性 219, 226
国家間社会 210, 216, 217
国家責任 210, 215
国家平等原則 212
黒　海 13
国旗の不正使用 190, 192, 193
コンチネンタル・ライズ 142, 144, 145

さ

最恵国(待遇)(条項) 42, 210, 215
裁判権 63, 64, 190, 192, 195
残余権 130, 135, 136, 172, 173, 225
死　海 13, 28
事業体 9, 11, 219
シチリア島 77
執行的権能（管轄権） 17, 50, 58, 60, 107, 108, 124-126, 128, 129, 131, 132, 152, 153, 157, 160-163, 166, 180, 186, 194, 219, 220, 223,

229

225
ジデル 13, 38, 97
ジブラルタル海峡 65, 80
島 11, 77, 84, 85, 94, 150, 151
ジャマイカ 6
自由通航 81, 82
主権 4, 17, 18, 40-42, 47-49, 51, 52, 56, 60, 61, 70, 82, 89, 99, 100, 119, 122-124, 132, 151-153, 157, 174, 177, 178, 184, 196, 203, 208, 212-214, 221-223
主権空間 100, 101, 103-107
主権水域 94, 102, 103, 108, 191
主権的権利 17, 120, 122-125, 127, 128, 134, 152, 153, 155, 157, 158, 161, 164, 168, 174, 203, 208, 212-214, 222, 223
主権免除 63, 74
上空飛行の自由（権利） 66, 78, 90, 111, 121, 126, 133, 151, 153, 166, 167, 172, 176, 181, 185
商　船 41, 54, 188
使用（活動）の自由 178, 214
小ベルト海峡 80
条約法条約 210, 215
深海底 198-220
深海底空間 207, 209
深海底原則宣言 202
深海底制度実施協定 8
シンガポール海峡 80
人工島 128, 129, 157, 158
人工島その他の施設を建設する自由（権利） 111, 158, 160, 166, 176
人的管轄権 19, 121, 175, 186, 197, 223, 224
人類社会 209, 210, 216, 217

人類全体（全人類） 8, 168, 200, 206, 209-211, 214-218, 220
　　──の管轄区域 220
　　──の利益 211, 212
人類（社会）の機関 8, 216
人類の共同財産 8, 140, 168, 199, 203-206, 209-211, 213, 214, 216, 217, 219
　　──の原則 168, 208, 210-220, 225
人類の国際法主体性 217, 225, 226
垂直的な通航 53, 58, 61, 62, 72
スウェーデン 80
スペイン 80
スンダ海峡 65, 84, 92
スンド海峡 80
政府船舶 55
接続水域 97-111
接続水域空間 105
瀬戸内海 13, 16
セルデン 169
1994年ニューヨーク協定 8
先進国 8-10, 211
潜水船 54, 72, 78, 90
専属経済区 121
セントローレンス湾内の密漁に関する事件 138
船舶による汚染防止のための国際条約（MARPOL） 56, 74
専　有 199, 200, 203, 212-214, 217
宗谷海峡 64, 69, 80
測地原子 46, 88, 117, 150
ソ　連 113

事項索引

た

ダーダネルス海峡　80
大ベルト海峡　80
大陸縁辺部　23-26, 141-146, 153, 204, 205, 220
大陸斜面　142, 144, 145
大陸棚　139-168
　──の範囲　5, 199
大陸棚空間　18-21, 98, 101, 109-111, 124, 152, 154, 155, 158, 159, 161, 162, 164-166, 173, 174, 180, 207, 221, 222
大陸棚掘削　156, 157
大陸棚に関する条約（大陸棚条約）　5, 14, 123, 139, 147, 151-154, 156, 199, 202
大陸棚の限界に関する委員会　11, 142, 206, 207
大洋群島　84
多金属性団塊　219
タンカー　57, 63
チモール海　92
チャーチル及びロウ　114, 136, 146
中間線（原則）　46, 116, 147
中　国　39, 40
チュニジア・リビア大陸棚事件　114
超国家的機関　196
超国家的権能　219, 226
調整された主権　42, 99
直線基線　15, 29, 30, 32-34, 37-39, 42, 43, 46, 48, 84, 86, 99
チラン海峡　77
チ　リ　80, 112
追跡（継続追跡）（権）　101-109, 127, 136, 163, 164, 188, 194-196
通過通航（権）　15, 59, 65-68, 70-77, 81, 83, 90, 91, 93-95, 182
通常基線　29, 31, 33, 48
津軽海峡　64, 69, 81
月協定　210
対馬海峡西水道（朝鮮海峡）　40, 64, 69, 81
対馬海峡東水道（対馬海峡）　64, 69, 81
低潮高地　85-87
低潮時に水面上にある礁　85, 86
低潮線　29, 30, 32-34
デュピュイ及びヴィーニュ　112
デンマーク　80
ドイツ　7, 8, 137, 203
東京湾　16
等距離原則　46, 147, 148
ドーヴァー海峡　65
特定海域　81
ドミニウム　49, 217, 218
トルーマン宣言　112, 137, 139, 169
トルコ　80
奴隷取引　188, 190, 191, 195
奴隷取引禁止条約　192

な

内国民待遇　42
内　水　27-43
内陸国　11, 52, 54, 73, 176, 179, 203
ナフナ諸島　95
南極条約　209
南北問題　204
西ドイツ　170
二重機能の現象　197, 198, 224

231

日米通商航海条約 42
日米加漁業条約 190
日　本　7, 8-10, 32, 33, 37, 80, 82, 97, 113, 114, 137
ニュージーランド　113, 114

は

排他的経済水域　112-138
バベルマンデブ海峡　65
排他的経済水域及び大陸棚に関する法律　114
排他的漁業水域　127, 137, 138, 149
排他的管轄権　129, 158, 184
パルド大使　199-201, 204, 211
パルド提案　140, 198-200, 202
非核三原則　81, 82
東シナ海　40
非公式統合交渉草案　171
　　──改訂版　171
フランス　80, 113, 114, 138
分離通航帯　57, 58, 74, 76
フィンランド　80
フィリピン　83
フンボルト海流　112
布施勉　199, 204
並行方式　9
閉鎖線　31, 88
平行な通航　53, 58, 72
ベーリング海峡　64
ペルー　112
法典化　3-5, 106
法律・技術委員会　220
法令制定権　56, 131, 159
法令適用空間　194
保護権　53, 58
補償的不平等の原則　212

ボスフォラス海峡　80
北海大陸棚事件　148
ポルトガル　31
ホルムズ海峡　65

ま

マゼラン海峡　80
マラッカ海峡　64, 80
マルタ提案　199
マレーシア　80, 95
港（海港）　41, 42, 88
南シナ海　40
民事裁判権　53, 60, 61
無害通航（権）　27, 40-43, 51-68, 70, 73, 76-78, 83, 89, 90, 94, 99, 182, 185
　「強化された」──　15, 59, 66, 70, 71, 77, 78, 81
無許可放送　188, 190, 192
無国籍　193, 194
　──航行　190
メッシナ海峡　77
モルッカ諸島　92
モロッコ　80
モンテゴベイ条約　6

や

横田喜三郎　31

ら

ラテン・アメリカ　113
濫　用　195
立法的権能（管轄権）　17, 50, 57, 58, 107-109, 124-126, 128, 129, 131, 132, 152, 153, 157, 159, 161-164, 166, 180, 186, 219, 220, 223, 225

事項索引

領　域　18, 47, 48, 50, 82, 198, 220
領域管轄権　16, 18, 21-27, 51, 63, 119, 121, 161, 167, 173-175, 184, 186, 187, 208, 209, 218-221, 223-226
　完全な──　20, 21, 23-27, 40, 51, 60, 119, 122, 132, 152, 153, 174, 175, 178, 184, 194, 196, 208, 209, 213, 218, 222, 223
　限定された──　17-19, 21-26, 107, 119, 122, 132, 133, 152-155, 159, 161, 173-175, 184, 194, 208, 209, 213, 218, 222, 223
領域主権　18, 20, 40, 48-51, 60, 63, 121, 122, 124, 132, 152, 153, 174, 178, 191, 223
　──の一般的性格　49-51
領　海　43-64
　──の幅　4, 5, 43, 44, 46, 87, 98, 115, 167
領海及び接続水域に関する条約
（領海条約）　5, 14, 31, 33, 40, 44, 46-48, 52, 63, 65, 71, 97, 98, 106, 110, 119
領海及び接続水域に関する法律　33, 80
　──施行令　33
領海空間　47, 49, 51
領海侵犯　53
領海法　32, 33, 43, 45, 81, 97
　──施行令　33
領空侵犯　53
領　水　100
領　土　16, 18, 40-42, 47-49, 51, 89, 99, 104
領土主権　49, 51
臨検（の権利）　58, 188-194, 196, 224
歴史的権原　46
ロシア　8, 114
ロンボク海峡　65, 84, 92

わ

湾　31-33

233

〈著者略歴〉

桑原 輝路（くわはら てるじ）

1951年　東京商科大学（一橋大学）卒業

1951年～1954年　東京商科大学特別研究生

1964年～1966年　パリ大学、ツールーズ大学留学（フランス政府専門給費生）

小樽商科大学、新潟大学、広島大学、一橋大学、日本大学、東京国際大学教授歴任

広島大学・一橋大学名誉教授

海洋国際法入門

2002年（平成14年）8月28日　第1版第1刷発行
3109-0101

著　者　　桑　原　輝　路

発行者　　今　井　　貴

編集所　　信山社出版株式会社
〒113-0033 東京都文京区本郷6-2-9-102
電　話　03 (3818) 1019
ＦＡＸ　03 (3818) 0344

発行所　　株式会社　信山社

Printed in Japan

©桑原輝路、2002. 印刷・製本／松澤印刷・大三製本
ISBN4-7972-3109-2 C3332
NDC分類 329.001
3109=012-100-010

R本書の全部または一部を無断で複写複製（コピー）することは、著作権法上の例外を除き禁じられています。複写を希望される場合は、日本複写機センター（03+3401+2382）にご連絡ください。